Geert
Noels

GI GAN TIS ME

De « too big to fail » vers un monde plus durable et plus humain

Racine

GIGANTISME

C'était un cordonnier, sans rien d'particulier,
dans un village dont le nom m'a échappé,
qui faisait des souliers si jolis, si légers,
que nos vies semblaient un peu moins lourdes à porter.
Il y mettait du temps, du talent et du cœur.
Ainsi passait sa vie au milieu de nos heures.
Et loin des beaux discours, des grandes théories,
à sa tâche chaque jour, on pouvait dire de lui :
il changeait la vie.

— **Jean-Jacques Goldman**

Any intelligent fool can make things bigger,
more complex, and more violent.
It takes a touch of genius – and a lot of courage
to move in the opposite direction.

Perhaps we cannot raise the winds. But each
of us can put up the sail,
so that when the wind comes, we can catch it.

— **Ernst Friedrich Schumacher**

Problems cannot be solved at the same level
of consciousness that created them.

— **Albert Einstein**

Si vous pensez que vous êtes trop petit pour faire la différence,
c'est que vous n'avez jamais passé une nuit avec un
moustique dans votre chambre.

— **Proverbe africain**

C'est l'Homme qui est capable d'élargir la Voie,
et non pas la Voie qui peut élargir l'Homme.

— **Confucius**

TABLE DES MATIÈRES

INTRODUCTION

Dix ans après le début de la crise financière – et dix ans après la publication de mon livre *Econochoc* –, le moment est venu de proposer une nouvelle analyse de l'économie mondiale. La crise est-elle définitivement derrière nous ? Les banques centrales ont-elles calmé le jeu en faisant tourner la planche à billets et en stabilisant le système financier ? Avons-nous réellement tourné la page de ce chapitre noir de notre histoire économique ?

Si la crise est terminée, pourquoi l'économie n'a-t-elle pas retrouvé toutes ses couleurs ? Pourquoi les banques centrales doivent-elles encore injecter des sommes astronomiques dans le système financier ? Pourquoi continuons-nous à accumuler des dettes alors que nous savons que cet endettement est l'une des causes de la crise ? Le concept « *Too big to fail* » est un autre responsable du malaise et une des raisons pour lesquelles les pouvoirs publics ont, en dépit du bons sens, sauvé des institutions qu'ils auraient préféré voir disparaître à cause de leur arrogance, de leur avidité et de leur dangerosité. Comment expliquer que de nombreuses banques considérées comme trop grandes existent encore et soient même dans certains cas devenues plus grandes ?

Le point de départ de cette analyse me semble déjà erroné, car cette crise ne fut pas qu'une crise financière. Elle fut aussi une des nombreuses conséquences d'un dérapage plus profond du système économique. Ce fut le premier infarctus d'une structure ayant complètement perdu son équilibre. L'obsession de la croissance a pris une dimension telle que tout a été sacrifié pour grandir à tout prix, *whatever it takes*. Il est donc plus que logique que cette situation ait provoqué une crise financière, car tout système financier qui dépasse le système économique prend des proportions démesurées à cause de l'effet de levier. Et il n'est pas sain qu'une superstructure financière représente plusieurs fois la taille de l'économie réelle sous-jacente.

À cause de la complexité de la crise financière, nombreux sont ceux qui n'ont pas encore bien compris ce qui s'est réellement passé. Résultat : l'histoire a été plusieurs fois réécrite (par exemple : « Personne n'est coupable ») ou très simplifiée (par exemple : « Ils n'auraient jamais dû laisser tomber la banque d'investissement Lehman Brothers »). Les véritables causes de la crise de 2008 n'ont pas disparu, elles n'ont même pas été atténuées. La seule chose que les leaders mondiaux aient réussi à faire au cours des dix dernières années, c'est gagner du temps. Le carburant de la crise continue à couler à flots, et nous sommes mêmes passés à la vitesse supérieure : toujours plus de dettes, de déséquilibres et une superstructure financière encore plus gigantesque.

Ce gigantisme est moins visible dans le circuit bancaire privé qu'au niveau des banques centrales, qui sont devenues les véritables banques systémiques. Elles ont repris ce rôle des grandes banques commerciales complexes comme JP Morgan, Bank of America Merrill Lynch, Deutsche Bank ou Goldman Sachs. Personne ne comprend réellement ce qu'elles font et comment elles gèrent cette complexité. Et personne ne sait comment contrôler l'influence qu'elles exercent sur le système financier et sur l'économie mondiale. Leur indépendance – qu'elles défendent farouchement – les soustrait au contrôle et à la surveillance démocratiques. Et quand il leur arrive de parler avec des élus au Parlement et de répondre à des questions de journalistes, elles s'expriment alors dans une langue sibylline, dans un jargon financier et économique crypté, qui rend leur stratégie opaque pour les non-initiés. Et les questions plus pointues se noient dans des réponses horoscopiques pouvant être interprétées différemment selon les interlocuteurs.

Pour comprendre les banques centrales, il n'est pas nécessaire d'analyser ce qu'elles font, mais plutôt ce qu'elles provoquent. Après tout, si le symptôme de la crise est l'instabilité financière, son origine n'est pas uniquement financière.

Les mesures prises par les autorités – qui furent présentées comme des solutions – ont encore agrandi le système. Les déséquilibres continuent et continueront à se creuser jusqu'au prochain infarctus économico-financier. **C'est pourquoi il est nécessaire de s'arrêter un instant sur le système. Quels sont les éléments responsables de son dérapage?** Si nous le comprenons mieux, nous serons mieux à même d'identifier ses excès et de comprendre pourquoi les traitements prescrits et appliqués à large échelle n'ont fait qu'aggraver le mal.

Aujourd'hui, on s'intéresse autant aux dérèglements climatiques qu'aux problèmes financiers pendant la crise de 2008. Selon moi, ces deux problématiques ont en partie la même origine: le **gigantisme**. Je reconnais que ce concept peut paraître simpliste, mais en réalité le système est particulièrement complexe et comporte de nombreuses facettes. Le gigantisme n'est pas un concept économique, il est surtout utilisé dans le monde médical pour faire référence par exemple à la croissance démesurée d'un être humain. Intuitivement, vous aurez compris qu'il s'agit de quelque chose de grand, de trop grand. Tout comme dans la nature, il peut arriver que certains organismes prennent des proportions énormes. Des organisations économiques par exemple, mais aussi des entités politiques. Cette tendance se propage aussi aux bâtiments, aux bateaux et aux avions. Pour des raisons de prestige, par nécessité ou une combinaison des deux. Pour l'instant, nous laisserons de côté le fait qu'il renforce les ego et les potentats.

Il existe plusieurs causes au gigantisme. Nous devons les cartographier pour comprendre comment la situation a pu nous échapper, lentement dans un premier temps, et ensuite de manière exponentielle. Tout comme dans la nature, ce phénomène est le résultat d'une combinaison d'éléments.

Ce n'est qu'ensuite que nous pourrons réfléchir à de vraies solutions à la crise et aux situations d'urgence auxquelles nous aurons encore à faire face. Car si nous réussissons à résoudre ce problème, les systèmes économique et financier seront beaucoup plus durables et nous rendrons également la santé à d'autres facettes de notre société.

La crise financière n'a été que la manifestation d'un malaise beaucoup plus profond. Les sorties de route écologiques et démographiques ne sont que d'autres aspects du même phénomène. L'hypothèse de base d'*Econochoc* pointe à nouveau le bout du nez : de nombreux changements se produisent aujourd'hui simultanément. La façon dont nous choisissons de soutenir l'économie mondiale peut avoir un impact très important sur ces changements.

Les politiciens ne sont pas conscients de leur vision-tunnel. « **La croissance est une bonne chose** », peut-on entendre et, dans une certaine mesure, ce n'est pas faux. Mais, à partir d'un certain niveau, ce postulat ne tient plus la route. La nécessité de **centraliser le pouvoir et la prise de décision** est une autre croyance des politiciens : pour résoudre les problèmes mondiaux, il faut créer de plus grandes entités, « sinon nous serons trop petits ». Faux ! Nous pourrons plus facilement résoudre de nombreux problèmes mondiaux en décentralisant la prise de décision.

Et quid des problèmes climatiques et du « sixième continent » de plastique ? N'avons-nous pas besoin d'une approche mondiale pour les résoudre ? En fait, nous avons perdu le contrôle parce que nous pensons « grand » et que nous avons laissé le gigantisme s'infiltrer dans notre économie. Si nous nous trompons de diagnostic, il est probable que nous ne trouverons pas le bon traitement. De nombreux problèmes seraient moins graves si nous évitions de penser systématiquement « grand ». Nous devons donc nous réapproprier ces compétences.

Nous ferions mieux de tenter de résoudre certains grands problèmes mondiaux de manière décentralisée et à l'échelle locale : le recyclage, le tri des déchets, le commerce de proximité et les achats raisonnés. Nous ne réussirons pas à sauver le climat en signant des accords internationaux, mais grâce à des citoyens conscients et à des scientifiques ingénieux.

Comment rendre la santé à l'économie, pour les humains, les pouvoirs publics, la société et la planète ? Ce sujet me préoccupe beaucoup, et je vais essayer de le clarifier dans ce livre. Cette question n'est pas réservée aux économistes, et nous devons éviter de penser de manière unidimensionnelle. Car le problème n'est pas uniquement économique : il touche tous les aspects de notre société et même la condition humaine. C'est pourquoi, en tant qu'économiste, je m'intéresse à d'autres domaines : sociologie, sciences naturelles, sport, politique, etc. La nature est là pour ramener à l'équilibre ce qui a dérapé. Le sport nous apprend beaucoup de choses sur la dynamique des dérapages et sur la manière dont nous pouvons atteindre collectivement un objectif. Il est un miroir de l'économie et de la société. Le monde politique devra apprendre à se réinventer, à déléguer le pouvoir aux entités inférieures, à se montrer moins interventionniste et à faire confiance aux citoyens et aux entrepreneurs qui cherchent à défendre leurs propres intérêts de manière raisonnable, pour mieux servir l'intérêt général.

Si vous croyez que les excès sont uniquement de nature économique, vous devez élargir votre champ de vision. Pour moi, il ne fait aucun doute que l'obsession de la croissance a généré des déséquilibres environnementaux et sociétaux. Nous n'avons aucune prise sur ces déséquilibres parce que les solutions préconisées sont trop fortement teintées d'idéologie. À gauche, par exemple : « L'économie est nuisible, le capital est nuisible, les entreprises sont responsables de tous les problèmes ». Ou à droite : « Nous avons besoin de plus de leadership ». Ou encore : « Il n'y a aucun problème climatique, le capitalisme va tout résoudre, les entrepreneurs peuvent résoudre tous les problèmes. » Nous avons besoin de plus d'équilibre, y compris sur le plan idéologique. Aucun des deux camps n'a entièrement raison, et nous devons accepter qu'il existe de bonnes idées des deux côtés du spectre idéologique.

Pour changer les comportements, il faut convaincre les citoyens et donner de subtiles impulsions pour les orienter dans la bonne direction. Les règles du jeu de l'économie ne doivent pas étouffer ces impulsions positives. **C'est là que le bât blesse aujourd'hui. Si l'économie mondiale était un grand jeu de simulation sur ordinateur, le système d'exploitation se serait déjà planté.**

Nous entamons donc un exercice de réflexion délicat, car les solutions actuelles sont largement soutenues par les pouvoirs en place : le monde politique, les institutions et les grandes entreprises. **Pour changer**

les choses, il faut donc se lancer dans la résistance. Les humains n'aiment pas les changements. Mais si nous voulons que cette révolution réussisse, elle ne devra pas venir d'en haut mais de la base. En résumé, elle devra être « *bottom-up* » et progressive.

C'est déjà le cas dans d'autres domaines : le choix de technologies plus propres ou de conditions de travail plus humaines, la lutte contre la pauvreté ou pour un meilleur environnement n'ont pas été décidés par des structures bien établies. Ils avancent un peu chaque jour, petit à petit, grâce au comportement de tous ceux qui y croient et qui représentent « la base ». **Si nous pouvons donner un petit coup de pouce à ce processus, une petite accélération, alors nous deviendrons tous des activistes qui se battent pour une économie à taille humaine.** C'est une économie pour laquelle je suis prêt à m'investir en proposant quelques idées nouvelles. C'est ce qui m'a motivé à écrire *Gigantisme*. Il ne s'agit donc pas d'un ouvrage économique unidimensionnel, mais de ma vision du monde d'aujourd'hui et des moyens que nous pourrions mettre en œuvre pour le rendre meilleur.

Emblem, février 2019.

Tricher au Monopoly provoque le gigantisme

L'économie est un grand jeu joué par des millions de personnes dans le monde. Les règles déterminent la direction qu'il doit prendre, tour après tour. C'est pourquoi les fabricants de jeu redoutent les tricheurs et l'interprétation parfois un peu trop souple des règles. Si vous voulez comprendre comment on peut faire naître le gigantisme, il suffit de jouer au Monopoly avec quelques amis ou membres de la famille. Et vous, cher lecteur, pouvez jouer le rôle de la banque.

Les règles du Monopoly sont simples. Lorsqu'un joueur arrive, par exemple, dans une rue très chère et qu'il ne peut pas payer le loyer, le jeu est terminé pour lui. Mais, au fil du temps, la plupart des joueurs ont découvert une astuce : en cas de problème, la banque prête à chacun la même somme d'argent, ce qui permet au joueur en faillite de continuer. Cette nouvelle règle change complètement le jeu car, sans cette intervention de la banque, les joueurs n'auraient pas intérêt à prendre trop de risques (acheter trop de rues, y placer trop rapidement des maisons et des hôtels) et doivent conserver assez de liquidités. Par contre, si la banque intervient, il devient rentable de prendre beaucoup de risques, car le rendement potentiel augmente sensiblement si vous pouvez patienter assez longtemps. Et si la banque vous aide à éviter la faillite, vous gagnez à coup sûr.

Lorsque la banque commence à distribuer de l'argent, les choses vont vite : il n'y a plus de maison ni d'hôtel, car certains joueurs ont accumulé tellement d'argent qu'ils peuvent même construire un deuxième ou un troisième hôtel. Cette option a également été acceptée par la plupart des joueurs (qui ont apparemment une interprétation très souple des règles). Le joueur qui a pris le plus de risques accumule les rues et les hôtels, tandis que les joueurs prudents commencent à jouer le rôle de figurants. Leur retard ne fait que s'accentuer.

Les interventions de la banque ont deux effets : c'est le joueur qui prend le plus de risques qui gagne, alors que, dans le jeu d'origine, les joueurs devaient trouver un équilibre entre le risque et le rendement. Avec les règles actuelles, le joueur téméraire envahit progressivement toutes les rues et y construit davantage d'hôtels. Cela met aussi en évidence un autre effet pervers de l'intervention de la banque : le surinvestissement et l'inflation des actifs (prix trop élevés). Finalement, la petite partie de Monopoly se terminera parce qu'elle aura perdu tout son sens : il n'y a plus d'argent disponible et plus d'hôtel à construire. Les joueurs ne s'amusent plus et arrêtent le jeu.

Dans le jeu de l'économie mondiale, les banques centrales jouent le rôle de la banque du Monopoly. Vous êtes le joueur prudent et les géants ont compris qu'il était possible de jouer différemment.

Fin du jeu

Le premier joueur qui fait faillite se retire, comme dans le jeu d'origine. Mais dès qu'un deuxième joueur dépose le bilan, le jeu se termine. Le joueur en faillite donne à son créancier (la banque ou un autre joueur) tout ce qu'il détient, y compris les maisons, les hôtels et autres possessions.

À ce moment-là, les joueurs restants font le décompte de leurs biens :

1 L'argent comptant ;
2 Les prix officiels des rues, entreprises de services aux collectivités et gares qu'ils possèdent ;
3 La moitié des prix officiels des biens grevés d'une hypothèque ;
4 Le prix d'achat des maisons qu'ils possèdent ;
5 Le prix d'achat des hôtels qu'ils possèdent (= le prix de quatre maisons).

Le gagnant est le joueur le plus riche !

CHAPITRE 1

GIGANTISME ?

Il peut sembler bizarre d'utiliser le mot « gigantisme » dans un contexte économique. Il s'agit en effet du symptôme de certaines maladies comme la macrosomie et l'acromégalie, qui touchent surtout les personnes. Je trouve ces termes moins accrocheurs pour le titre d'un livre. Pour les économistes, qui pratiquent la « science lugubre », ces appellations sont encore plus sinistres. Tous ces noms se réfèrent à la croissance anormale d'un corps. C'est très intéressant : des organismes deviennent trop grands à cause de stimuli trop importants, par exemple, à cause de trop fortes doses d'hormones de croissance.

Nous pouvons transposer cette maladie aux organisations : certains instituts, entreprises, ONG, organisations internationales ou clubs de football deviennent trop grands. Ils deviennent des géants. C'est malsain pour l'économie, et c'est pourquoi on peut parler de « maladie économique ». C'est une situation déséquilibrée, une perturbation susceptible de se transmettre à d'autres secteurs et activités. Au niveau économique, le gigantisme est une maladie contagieuse. Nous devons donc la traiter ou, mieux encore, **essayer de la prévenir**.

Chez les humains, le gigantisme est assez rare. Mais si j'ai décidé d'écrire un livre sur ce sujet, c'est parce que je crains qu'il soit davantage répandu dans l'économie. Est-ce le cas ? Il me semble utile de commencer par un petit état des lieux. La taille des organisations, des entreprises et des entités économiques représente-t-elle un problème ou est-ce une simple vue de l'esprit ? Ce phénomène est-il nouveau ?

Il n'est pas évident de diagnostiquer le gigantisme économique. Si l'on veut rester objectif, il existe **trois façons** d'y arriver. Tout d'abord, pour déterminer si une entreprise est **anormalement grande**, on peut la comparer avec les données historiques. Les grandes entreprises et organisations sont-elles plus grandes et plus nombreuses qu'auparavant ? Le gigantisme ne se mesure pas uniquement à la taille d'une entreprise, mais aussi aux comportements excessifs d'entreprises devenues trop grandes dans leur secteur ou domaine d'activité. Les économistes cherchent alors à identifier des **marges ou des bénéfices anormalement élevés**, ainsi qu'une **concentration** trop importante. Une taille et une concentration excessives combinées à des marges exagérément élevées peuvent indiquer que nous sommes face à un géant. Si nous réussissons à identifier cette pathologie, nous n'avons plus à hésiter. Nous pourrons affiner le diagnostic, recenser les symptômes et réfléchir aux remèdes.

SIZE MATTERS

Il n'est pas difficile de trouver des chiffres démontrant que les grandes entreprises s'adjugent une place de plus en plus importante dans notre économie. Nous le constatons partout et dans tous les secteurs. Aux États-Unis, la part de la valeur ajoutée des 200 plus grandes entreprises pendant la période d'après-guerre est passée de 30 % à près de 45 %. La plus forte augmentation a eu lieu avant 1975, mais la concentration a recommencé à augmenter au cours des 20 dernières années.

Le quotidien américain *The New York Times* s'est aussi penché sur la taille des entreprises américaines et est arrivé à la même conclusion.

LES GRANDES ENTREPRISES DOMINENT L'ÉCONOMIE

FIG. 1 **Valeur ajoutée selon la taille des entreprises aux États-Unis**

TOP 200 DES PRODUCTEURS AMÉRICAINS
30 % DE LA VALEUR AJOUTÉE EN 1947
45 % DE LA VALEUR AJOUTÉE EN 2012

« Grandir » est une tendance que l'on retrouve dans les entreprises (*cf. fig.* 2). Le nombre de grandes entreprises ne cesse d'augmenter, que nous prenions comme référence leur capitalisation boursière,[A] leur part dans la valeur ajoutée ou le nombre d'employés. Nous démontrerons plus loin que ces entreprises souhaitent grandir parce qu'elles y trouvent un avantage non négligeable : cela augmente leur pouvoir, et finalement leurs bénéfices. Et si la concurrence s'accroît, elles souhaiteront grandir encore davantage. C'est une histoire sans fin.

Non pas que tout cela se passe sans résistance : il arrive que certains politiciens pointent du doigt les dangers d'une telle situation. Ro Khanna, un membre démocrate du Congrès américain, originaire de la Silicon Valley en Californie, a indiqué dans une de ses interventions en 2018 : « Une des choses contre lesquelles les citoyens se rebellent dans ce pays, c'est la taille grandissante des institutions.[1] Ils ont l'impression de perdre le contrôle de leur propre destin. » Ce n'est qu'une des conséquences du gigantisme, conséquences que nous analyserons dans le chapitre suivant. Mais continuons à essayer d'identifier la pathologie, en laissant de côté les symptômes et les patients qui se plaignent de la maladie.

Le chiffre le plus frappant, c'est l'augmentation de la **capitalisation boursière** des grandes entreprises, c'est-à-dire la valeur totale de leurs actions, calculée sur base de leur cours de bourse. Les sociétés technologiques américaines Apple, Google et Microsoft flirtent avec les 1000 milliards de dollars de capitalisation boursière. Même si le cours gagne ou perd 30 %, cela ne change pas grand-chose : elles demeurent

---

A La taille d'une entreprise ne se mesure pas uniquement sur base d'un seul paramètre. Certaines sociétés comptent des dizaines de milliers d'employés, mais jouent un rôle relativement modeste dans l'économie mondiale. D'autres affichent des chiffres d'affaires qui se comptent en milliards de dollars, mais qui sont le résultat de transactions commerciales (import/export) dont la valeur ajoutée peut être marginale. La valeur boursière tient compte de la valeur ajoutée et du développement futur d'une entreprise (contrairement au chiffre d'affaires ou au nombre d'employés), mais peut être exagérée (nous parlons alors de bulles spéculatives) et fluctue plus ou moins dans une fourchette de 25 %. S'il vaut mieux se baser sur d'autres paramètres pour mesurer la « taille », la capitalisation boursière n'en est pas moins la seule à également tenir compte de l'avenir de l'entreprise.

LES GRANDES ENTREPRISES DEVIENNENT ENCORE PLUS GRANDES

FIG. 2 Évolution de la taille des entreprises aux États-Unis
Source : *The New York Times* sur base des données du Census Bureau.

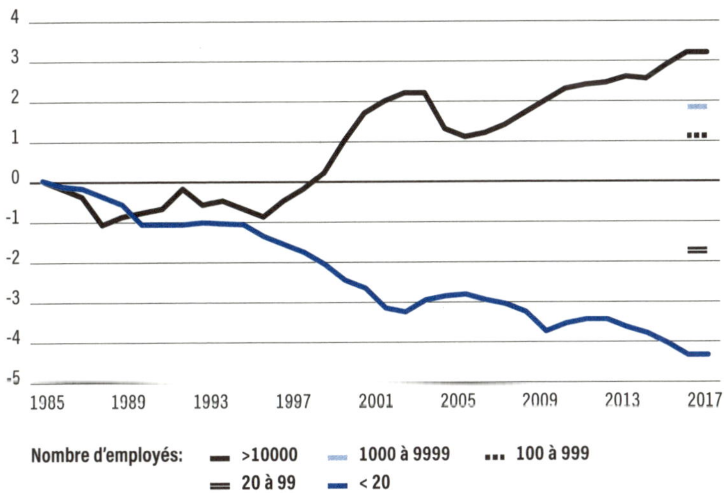

LE NOMBRE D'EMPLOIS AUGMENTE DANS LES GRANDES ENTREPRISES AMÉRICAINES, TANDIS QU'IL BAISSE DANS LES PETITES ENTREPRISES

des organisations énormes qui dominent l'économie au niveau mondial. Les sociétés technologiques n'ont pas le monopole du gigantisme. C'est aussi le cas des entreprises pharmaceutiques et des banques en termes de capitalisation boursière, de nombre d'employés, de bilan ou de chiffre d'affaires. La figure 3 démontre que, calculée en dollars actuels, la taille des entreprises américaines est aujourd'hui effectivement

TOP 10 DES ENTREPRISES AMÉRICAINES AU COURS DES 100 DERNIÈRES ANNÉES

FIG. 3 Taille des entreprises américaines cotées en Bourse

Source : *howmuch.net/articles/100-years-of-americas-top-10-companies* & *forbes.com* & *Visual Capitalist*

1917
Actifs (milliards de $),
Corrigé pour tenir compte de l'inflation – sept. 2007

- **U.S. STEEL**
  $ 46,4 milliards
  Acier
- **AMERICAN TELEPHONE & TELEGRAPH**
  $ 14,1 milliards
  Télécoms
- **STANDARD OIL OF N.J.**
  $ 10,7 milliards
  Pétrole et gaz
- **BETHLEHEM STEEL**
  $ 7,1 milliards
  Acier
- **ARMOUR & CO.**
  $ 5,8 milliards
  Alimentation
- **SWIFT & CO.**
  $ 5,8 milliards
  Alimentation
- **INTERNATIONAL HARVESTER**
  $ 4,9 milliards
  Machines
- **E.I. DU PONT DE NEMOURS**
  $ 4,9 milliards
  Chimie
- **MIDVALE STEEL & ORDONANCE**
  $ 4,8 milliards
  Acier
- **U.S. RUBBER**
  $ 4,6 milliards
  Caoutchouc

1967
Valeur de marché (milliards de $),
Corrigé pour tenir compte de l'inflation – sept. 2007

- **INTERNATIONAL BUSINESS MACHINES**
  $ 258,6 milliards
  Technologie
- **AMERICAN TELEPHONE & TELEGRAPH**
  $ 200,5 milliards
  Télécoms
- **EASTMAN KODAK**
  $ 177 milliards
  Cinéma
- **GENERAL MOTORS**
  $ 171,2 milliards
  Automobile
- **STANDARD OIL OF N.J.**
  $ 106,5 milliards
  Pétrole & gaz
- **TEXACO**
  $ 82,3 milliards
  Pétrole & gaz
- **SEARS, ROEBUCK**
  $ 64,6 milliards
  Grande distribution
- **GENERAL ELECTRIC**
  $ 63,9 milliards
  Conglomérat
- **POLAROID**
  $ 58 milliards
  Cinéma
- **GULF OIL**
  $ 58 milliards
  Pétrole et gaz

2017
Valeur de marché (milliards de $),
le 10 novembre 2017

- **APPLE**
  $ 898 milliards
  Technologie
- **ALPHABET**
  $ 719 milliards
  Technologie
- **MICROSOFT**
  $ 644 milliards
  Technologie
- **AMAZON**
  $ 534 milliards
  Technologie
- **FACEBOOK**
  $ 518 milliards
  Technologie
- **BERKSHIRE HATHAWAY**
  $ 452 milliards
  Conglomérat
- **JOHNSON & JOHNSON**
  $ 374 milliards
  Pharmacie
- **EXXON MOBILE**
  $ 350 milliards
  Pétrole et gaz
- **JPMORGAN CHASE**
  $ 340 milliards
  Services financiers
- **WELLS FARGO**
  $ 266 milliards
  Services financiers

TABLEAU 1 Les plus grandes sociétés technologiques au monde cotées en Bourse
Source : Bloomberg, février 2019.

	Capitalisation boursière (milliards d'euros)		Capitalisation boursière (milliards d'euros)
BAIDU	90	MICROSOFT	790
ALIBABA	435	ORACLE	182
TENCENT	416	INTEL	222
BAT	**941**	BROADCOM	108
		CISCO	212
FACEBOOK	470	NVIDIA	88
APPLE	785	IBM	122
AMAZON	795		
NETFLIX	148	NASDAQ 100	8000
ALPHABET (GOOGLE)	775	NASDAQ COMPOSITE	11600
FAANG	**2937**	S&P 500	23900

exceptionnelle.[B] Et ce n'est pas l'apanage des États-Unis. La taille des entreprises chinoises est également impressionnante.

En 2019, les Bourses mondiales sont dominées par les entreprises technologiques. Les États-Unis et la Chine se partagent le top 20, les plus grandes sociétés étant toutes américaines, et les autres un mélange des deux nationalités. L'Empire du Milieu comprend presque autant de géants technologiques que les États-Unis. Pour chaque Amazon, on trouve un Alibaba, et pour chaque Apple il y a un Xiaomi.

Alibaba et Tencent sont les géants technologiques chinois dont la capitalisation boursière se rapproche le plus de leurs homologues américains. **La valeur des six plus grandes entreprises technologiques américaines est égale à celle des 94 sociétés technologiques américaines suivantes cumulées.** C'est impressionnant et cela implique un niveau de concentration important (*voir plus loin*).

B Les grandes entreprises ont toujours existé, mais évalués en dollars actuels, les géants d'hier sont des nains comparés aux géants (cotés) actuels. Cela ne signifie pas que le gigantisme n'était pas un problème dans le passé, mais plutôt qu'il est devenu plus pressant aujourd'hui.

TABLEAU 2 Les plus grandes sociétés cotées en Europe

Top 10	Pays	Capitalisation boursière (milliards d'euros, arrondi)
NESTLÉ	CH	232
ROYAL DUTCH SHELL	GB/NL	223
ROCHE HOLDING	CH	199
NOVARTIS	CH	195
HSBC HOLDINGS	GB	146
MOET HENNESSY LOUIS VUITTON	FR	144
UNILEVER	GB/NL	135
TOTAL	FR	127
BP	GB	121
L'ORÉAL	FR	119
TOTAL		**1641**

Les entreprises européennes sont aujourd'hui nettement plus petites que les entreprises américaines ou chinoises. Les trois plus grandes sociétés européennes cumulées – le groupe alimentaire Nestlé, l'entreprise pétrolière et gazière Royal Dutch Shell et le géant pharmaceutique Roche – sont plus petites qu'Apple, la plus grande entreprise américaine (sur base de la capitalisation boursière). On ne peut qu'être frappé par le fait que cinq des dix plus grandes entreprises européennes ne proviennent pas de la zone euro et que, dans le top 10, on ne trouve aucune entreprise technologique, mais des multinationales du secteur pétrolier et des banques. On peut conclure que l'Europe est restée accrochée aux anciens secteurs et a manqué en grande partie le train de la nouvelle économie.

Bien entendu, les marchés d'actions ne sont pas les seuls critères de mesure de la taille d'une entreprise. En Europe, certains secteurs sont dominés par de grandes sociétés non cotées, comme le groupe d'ameublement suédois IKEA ou la chaîne française d'équipement de sport Decathlon. C'est aussi le cas du fabricant chinois de smartphones Huawei, qui n'est pas coté en Bourse. De nombreuses entreprises européennes prometteuses deviennent des proies pour les géants américains et chinois, bien avant qu'elles n'aient atteint une taille importante, comme le site de réservation d'hôtels Booking.com ou le développeur de jeux finlandais Supercell Oy. La plate-forme suédoise de *streaming* Spotify est pour l'instant une exception, mais les choses pourraient changer rapidement.

Il existe en réalité une autre raison qui explique pourquoi l'Europe compte moins de grandes entreprises que les États-Unis : **la politique**

antitrust est beaucoup plus stricte de ce côté-ci de l'Atlantique. Il est donc plus difficile d'avoir des champions européens capables de rivaliser avec les premiers de classe américains, parce que cette politique antitrust s'applique déjà au niveau national. Par exemple, le projet de fusion entre les deux constructeurs de camions Scania et Volvo il y a 15 ans a été bloqué par la Suède, alors que l'entreprise fusionnée n'aurait pas occupé une position dominante en Europe. En 2019, l'UE a mis son veto au rapprochement des constructeurs ferroviaires Alstom et Siemens.

La Commission Européenne se montre très dure envers les entreprises européennes, mais ne réussit pas à imposer les mêmes règles aux sociétés américaines. Conséquence : nous avons des entreprises naines dans de grands secteurs. Il existe des exceptions, et ce n'est pas un hasard si elles se situent dans des segments de marchés disposant de lobbyistes très efficaces : les secteurs financier et pharmaceutique.

L'Europe excelle cependant dans le gigantisme au niveau des pouvoirs publics. Comme la chancelière allemande Angela Merkel l'a un jour déclaré : « Alors que l'Europe ne représente aujourd'hui que 7 % de la population mondiale, nous produisons près de 25 % du PIB mondial, mais nous représentons 50 % des dépenses sociales mondiales. Nous devrons donc travailler très dur si nous voulons maintenir notre prospérité et notre niveau de vie. »[2]

Les pouvoirs publics européens sont eux-mêmes devenus les géants, avec des impôts élevés et généralisés, des fonds européens gigantesques pour l'agriculture, le développement régional, et bientôt des investissements pour réduire les émissions de CO_2. Cette politique crée une dynamique économique très différente, où les géants ne sont pas les entreprises et leurs patrons, mais les institutions et les décideurs politiques européens.

En Chine, il existe également d'immenses entreprises dont nous pouvons difficilement appréhender la taille, car elles sont pour la plupart entre les mains de l'État. C'est le cas notamment des grandes banques et sociétés énergétiques. Les entreprises technologiques cotées font exception. Ces géants sont généralement contrôlés par le gouvernement. Le problème, c'est qu'ils rachètent à tour de bras des entreprises privées étrangères sans

TABLEAU 3 Les plus grandes sociétés chinoises

Source : Fortune.

Classement	Nom	Siège social	Secteur	Type d'entreprise
1	SINOPEC GROUP	Pékin	Pétrole	Cotée, publique
2	CHINA NATIONAL PETROLEUM	Pékin	Pétrole	Publique
3	STATE GRID CORPORATION	Pékin	Services aux collectivités	Publique
4	INDUSTRIAL AND COMMERCIAL BANK OF CHINA	Pékin	Banque	Cotée, publique
5	CHINA CONSTRUCTION BANK	Pékin	Banque	Cotée, publique
6	AGRICULTURAL BANK OF CHINA	Pékin	Banque	Publique
7	CHINA STATE CONSTRUCTION ENGINEERING	Pékin	Construction	Publique
8	CHINA MOBILE	Pékin	Télécoms	Publique
9	BANK OF CHINA	Pékin	Banque	Cotée, publique
10	NOBLE GROUP	Hong Kong	Holding	Publique

LA PLUS GRANDE ENTREPRISE AU MONDE A FAIT FAILLITE À CAUSE D'ERREURS DE MANAGEMENT

FIG. 4 Taille des entreprises dans une perspective historique

Source : *The Motley Fool*, Barry Ritholtz, Sheridan Titman, Jeff Desjardins, 8 décembre 2017 & *Visual Capitalist*.

Compagnie néerlandaise des Indes Orientales
1637

20 méga-entreprises
2018

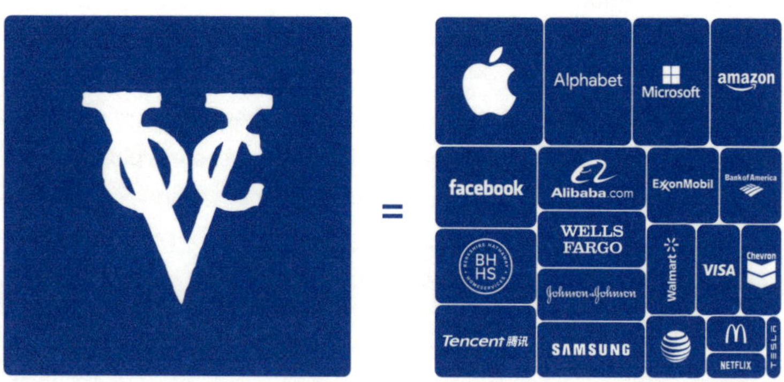

Valeur boursière de 7 900 milliards de dollars

Valeur boursière de 7 900 milliards de dollars

être obligés de se soumettre aux mêmes règles. Les entreprises chinoises sont littéralement « sponsorisées par l'État » et peuvent concurrencer les sociétés européennes dans des secteurs où les aides d'État sont explicitement interdites, ce qui génère une concurrence déloyale.

Malgré tout, l'histoire a compté quelques géants, par exemple la Compagnie des Indes Orientales, active entre 1602 et 1800, et dont la capitalisation boursière – convertie en dollars actuels – se montait à 8 000 milliards de dollars, autant que la somme des cent plus grandes sociétés technologiques américaines actuelles.

Il n'est pas simple de comparer la taille des entreprises à travers l'histoire. Les Bourses n'étaient pas aussi développées, les statistiques n'étaient pas très précises, les entreprises et les États étaient davantage imbriqués. La marge d'erreur peut donc être importante si l'on transpose les valeurs de l'époque en euros et en dollars d'aujourd'hui. La Compagnie des Indes Orientales fut la première société anonyme dont les actions étaient librement négociables. L'entreprise commerciale disposait de sa propre armée et, à son apogée, elle employait près de 30 000 personnes. L'entreprise a fait faillite à cause de la corruption et d'une mauvaise gestion.

L'économiste et leader d'opinion américain Barry Ritholtz a rassemblé des données sur la taille d'autres grandes entreprises :

- **Saudi Aramco**, la société pétrolière publique d'Arabie Saoudite affichait en 2010 – sur base des calculs du professeur Sheridan Titman de l'université du Texas – une valeur théorique de 4 100 milliards de dollars (convertis en dollars actuels).
- **PetroChina**, le groupe pétrolier étatique chinois affichait en 2007 une valeur boursière de 1 400 milliards de dollars actuels.
- **Standard Oil**, l'entreprise pétrolière du légendaire John Rockefeller affichait en 1900 – c'est-à-dire avant sa scission obligatoire due à sa position monopolistique – une capitalisation boursière de 1 000 milliards de dollars, soit un niveau équivalent à une série d'entreprises technologiques à l'heure actuelle.

— **Microsoft** a atteint une valeur maximale de 900 milliards de dollars en 1999, soit l'année qui a précédé l'éclatement de la bulle spéculative des *dotcoms*.

Le gigantisme ne touche pas que les entreprises. D'autres secteurs, comme l'enseignement, les soins de santé et les administrations, se sont beaucoup développés au cours des dernières décennies. Bien qu'il y ait moins de statistiques à leur sujet, de nombreux chercheurs sont d'accord pour dire qu'ils ont tendance à grandir.

Au Royaume-Uni, les écoles secondaires sont passées d'une moyenne de 300 élèves par établissement en 1950 à près de 1 000 élèves en 2016. Aux États-Unis, le nombre de grandes écoles a presque doublé entre 2000 et

LES ÉCOLES ENSEIGNENT LA MÉGALOMANIE

FIG. 5 **Taille moyenne des écoles au Royaume-Uni**
Source : House of Commons Library: social indicator 2625 (2017).

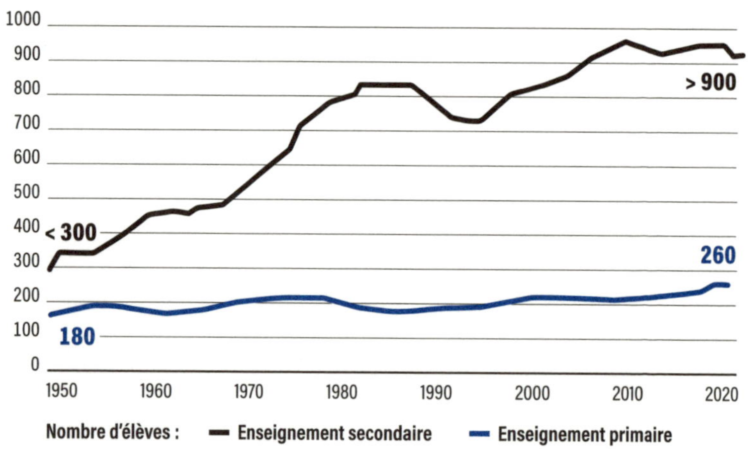

LA TAILLE DES ÉCOLES
NE CESSE D'AUGMENTER

SI LES GRANDES ÉCOLES PEUVENT SE TARGUER D'ÊTRE « PLUS EFFICACES », LES PETITES ÉCOLES SONT PLUS HUMAINES

FIG. 6 Nombre moyen d'élèves par professeur aux États-Unis
Source : National Center for Education Statistics.

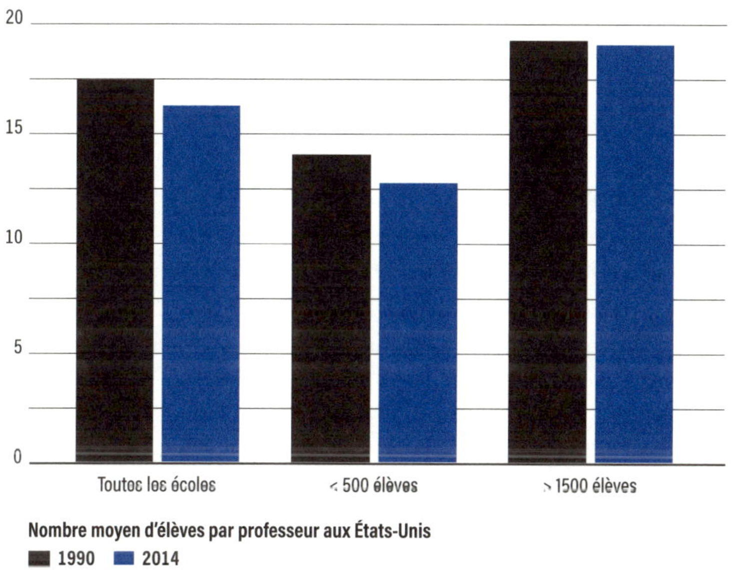

2016. La plupart des écoles sont encore de petite taille, mais aujourd'hui elles n'accueillent qu'une minorité d'élèves.

L'évolution de la taille des établissements dans l'enseignement est spectaculaire : les petites écoles disparaissent au profit des écoles de taille moyenne et surtout des très grandes écoles. Ce phénomène se produit dans tous les pays occidentaux. Il est surtout encouragé par les économistes : il est en effet plus facile de démontrer les avantages d'un grand établissement que ceux des petites écoles, car les avantages de ces petits établissements ne s'expriment pas en termes économiques, mais en termes essentiellement sociaux. En réalité, les grands établissements scolaires offrent l'avantage de proposer plus d'options et d'attirer les meilleurs professeurs. Mais nous verrons plus loin qu'ils ont aussi d'énormes désavantages, comme un nombre plus important d'incidents, de cas de harcèlement et d'exclusion. Ces facteurs négatifs sont plus difficiles à chiffrer. **L'adage économique « la taille augmente l'efficacité » semble plus facile à étayer et il a dominé la politique au cours des dernières décennies.**

Il est difficile d'analyser l'impact de l'effet de taille dans des services publics comme la police, les pompiers ou les organisations culturelles. Mais dans les soins de santé, il est bien documenté. **Les chercheurs ont constaté que les hôpitaux devenaient de plus en plus grands et complexes et que ce phénomène était observable dans le monde entier.**[3] Cette tendance apporte son lot d'avantages, car les petits hôpitaux ne peuvent disposer de toutes les compétences et n'arrivent pas à suivre l'évolution technologique exigée par la médecine moderne. Mais ce même effet de taille a des conséquences pour les patients, qui se retrouvent dans un environnement plus « industrialisé » que les petits hôpitaux, à taille plus humaine, que nous connaissions autrefois. Les patients peuvent bénéficier d'une amélioration technologique (potentielle) à condition de renoncer à un accueil personnalisé et à un environnement rassurant.

Cette tendance à l'hypertrophie est essentiellement encouragée par des processus de réflexion économiques. Les « économies d'échelle » sont un argument de poids si l'on souhaite optimiser l'efficacité économique du secteur des soins de santé. Des chercheurs italiens se sont penchés sur le phénomène de course à la taille dans le secteur des soins de santé. Ils ont découvert que les politiciens subissaient de fortes pressions pour augmenter la concentration dans ce secteur et encourager la fusion d'institutions de soins. Cette pression émane de la croyance que les grands hôpitaux permettent de réduire les coûts moyens tout en améliorant les résultats cliniques, grâce à l'effet de taille. Dans ce contexte, le calcul des économies d'échelle est bien entendu crucial pour déterminer la taille optimale des établissements.

Les critères économiques sont beaucoup plus faciles à mesurer et plus accessibles que les indicateurs qualitatifs et socio-économiques, comme la confiance des patients, leur bien-être, l'engagement du personnel médical et l'appréciation globale de toutes les parties concernées. Ces indicateurs ne sont pas souvent mesurés et, lorsqu'il existe des statistiques, il est difficile, contrairement aux données économiques, de les comparer avec les données d'autres pays ou d'autres entités.

Les chercheurs italiens ont analysé toute la littérature dans ce domaine et ont conclu qu'il y avait une forte augmentation des publications faisant état des économies d'échelle dans les établissements de soins. **Le thème « effet d'échelle » semble avoir dominé les débats au cours des dernières décennies, à la fois dans les médias purement économiques et**

LE GIGANTISME DANS LE SECTEUR HOSPITALIER : UNE MALADIE CONTAGIEUSE

TABLEAU 4 **Articles parlant des « économies d'échelle » dans les hôpitaux**

Source : *Efficiency and optimal size of hospitals: Results of a systematic search*, Monica Giancotti, Annamaria Guglielmo, Marianna Mauro, 29 mars 2017.

Médias	1969-1989	1990-2000	2001-2014
JOURNAUX ET MAGAZINES ÉCONOMIQUES	0	9	16
JOURNAUX SPÉCIALISÉS DANS LES SOINS DE SANTÉ	4	7	34
JOURNAUX MÉDICAUX	1	3	8
JOURNAUX SPÉCIALISÉS EN MANAGEMENT ET MAGAZINES SCIENTIFIQUES	3	6	14
TOTAL	8	25	72

PRÈS DE TROIS FOIS PLUS D'ARTICLES SUR LES ÉCONOMIES D'ÉCHELLE QU'AU COURS DE LA PÉRIODE 1990-2000

dans les publications médicales spécialisées (*cf. tableau 4*). Les termes de rendements d'échelle et d'économies d'échelle ont été trois fois plus utilisés qu'avant la fin du dernier millénaire.

Dans ce type de culture, où la gestion devient plus importante que l'intérêt des patients, il ne faut pas s'étonner de voir des établissements géants sortir de terre comme des champignons partout dans le monde.

Ces dernières années, les institutions internationales ont suivi le même chemin. Il y a 30 ans, les Organisations Non Gouvernementales (ONG) étaient encore pour la plupart de petites entités. Aujourd'hui, elles sont devenues de véritables multinationales. L'ONG Médecins Sans Frontières a vu le jour aux alentours de 1970. En 2015, elle comptait plus de 30 000 employés et gérait un budget de 2 milliards de dollars. L'organisation de défense de l'environnement Greenpeace a été fondée à la même époque. Il s'agissait d'une modeste initiative canadienne, qui compte aujourd'hui près de 50 000 bénévoles et un budget annuel de 300 millions de dollars. L'association caritative Oxfam a été créée en 1942. Elle est aujourd'hui active dans plus de 100 pays et gère plus de 1 200 magasins dans le monde, avec une forte présence au Royaume-Uni. Oxfam fonctionne avec un budget d'1 milliard de dollars par an. Les ONG ont donc emprunté la même voie que les autres organisations multinationales et disposent également d'équipes de gestion spécialisées – de la finance aux ressources humaines – chargées d'organiser leurs activités de bienfaisance.

La course au gigantisme et à la croissance est aussi une des caractéristiques de la coopération internationale. L'Union Européenne est née en 1951 du rapprochement de six pays fondateurs et s'appelait à l'époque Communauté Européenne du Charbon et de l'Acier (CECA). Sa naissance fut suivie en 1957 par la signature du Traité de Rome et la constitution de la Communauté Économique Européenne (CEE). D'autres pays l'ont rejointe et l'Union Européenne compte aujourd'hui 28 États membres. Bientôt – après le Brexit –, l'Union Européenne verra sa taille se réduire pour la première fois de son histoire. C'est peut-être un signe que le gigantisme a ses limites.

L'Eurozone, qui fait partie de l'Union Européenne, a connu une croissance comparable. Composée de 11 pays au moment de sa naissance en 1998, elle en compte aujourd'hui 19. Il est particulièrement difficile pour une zone économique aussi hétérogène – de la Finlande à la Grèce – de partager une même devise. Cette difficulté était connue : ce fut déjà le cas avec l'Union Monétaire Latine, la version du XIXe siècle de la zone euro,[4] dont les pays fondateurs étaient la Belgique, la France, l'Italie et la Suisse, suivis par l'Espagne et la Grèce, et en 1889 par la Roumanie, la Bulgarie, la Serbie, Saint-Marin et le Vénézuela. L'envie de grandir, avant même d'avoir atteint une certaine convergence, était trop forte. Les problèmes ont commencé lorsque la Grèce (déjà) n'a pas respecté ses engagements. L'union monétaire a fini par imploser parce qu'on a fait tourner la planche à billets pour financer la Première Guerre Mondiale.

Malgré ces leçons du passé et les tensions qu'elle subit depuis la crise financière de 2008, la zone euro devrait continuer à s'agrandir. En principe, sept États membres seront bientôt obligés d'adopter la monnaie unique, dont la Suède, qui aurait dû depuis longtemps utiliser l'euro, mais qui a toujours repoussé cette échéance.

L'euro s'inspire du dollar et souhaite égaler voire dépasser la devise américaine en tant que monnaie de réserve. Sa solidité ayant été mise à rude épreuve pendant la crise financière, il est étrange que la zone euro ne cherche pas à se stabiliser avant de songer à s'agrandir. Les doutes émergent à nouveau aujourd'hui suite aux tensions avec l'Italie, où les partis au pouvoir menacent régulièrement de quitter la zone euro. Les problèmes de la Grèce, qui ont presque fait imploser la zone euro en 2011, sont aujourd'hui atténués, mais loin d'être résolus. Tout comme un volcan, ils peuvent à tout moment à nouveau entrer en éruption.

Le même phénomène de croissance débridée se retrouve dans toutes les facettes des évènements internationaux. Les premiers Jeux Olympiques de l'époque moderne remontent à 1896. Ils rassemblaient 241 athlètes de 14 pays, qui s'affrontaient dans 43 disciplines. Lors des Jeux Olympiques d'été à Rio de Janeiro au Brésil, on comptait 12 000 athlètes originaires de 200 pays. Cette hausse suit le rythme de la mondialisation.

Mais ce n'est pas tout. La prolifération des compétitions est un autre phénomène : ces pays se sont affrontés dans plus de 300 disciplines sportives. Des Jeux d'une telle ampleur ne peuvent être organisés que par les grands pays, avec l'aide du sponsoring des plus grandes multinationales. L'attribution de ces Jeux s'accompagne toujours d'un voile de corruption et de magouilles internationales. Malheureusement, il ne reste pas grand-chose du credo de Coubertin « L'important, c'est de participer ». Les sommes en jeu sont phénoménales et l'évènement est devenu davantage une question de prestige pour les villes, les pays organisateurs et les athlètes. Certains sportifs manifestent d'ailleurs peu de respect pour la valeur olympique du fair-play.

Si la taille des Jeux se réduisait, ils pourraient être plus « propres » et retrouver leur esprit d'origine. Mais cet objectif ne semble pas faire partie des intentions du Comité Olympique. Il faudra peut-être attendre que les Jeux vacillent sous leur propre poids avant de voir s'amorcer un mouvement « moins c'est plus ».

Le Concours Eurovision de la Chanson est un autre bel exemple d'évènement qui ne cesse de grandir et qui perd de ce fait son identité. En 1956, sept pays ont lancé un festival de la chanson : Belgique, France, Italie, Luxembourg, Pays-Bas, République Fédérale d'Allemagne et Suisse. Dix pays étaient invités, mais le Danemark et l'Autriche ont envoyé trop tard leur candidature, et le Royaume-Uni a décliné, étant lui-même en train d'organiser le *Festival of British Popular Songs*. Un Brexit avant la lettre donc.

En 2019, la compétition rassemble 42 pays, dont l'Australie et Israël ! La conséquence est qu'il ne reste pas grand-chose du festival d'origine, et que des cartels se forment pour élire le vainqueur. On peut bien entendu discuter des goûts et des couleurs, mais ce qui est certain, c'est qu'il vaudrait mieux ne jamais entendre la plupart de ces chansons. Le Festival révèle de moins en moins de nouveaux ABBA ou France Gall.

Il faut bien reconnaître que cette fascination pour le gigantisme a toujours existé, y compris dans l'Antiquité. Les empires grecs et romains étaient gigantesques et ont généré des projets grandioses qui donnaient aux hommes le sentiment de puissance, de se rapprocher des dieux et d'être invincibles. Les pyramides égyptiennes et le Colisée de la Rome an-

NE POURRAIT-ON PAS L'AGRANDIR ?

FIG. 7 Le gigantisme dans les bâtiments
Source : sources propres sur base de Google Maps.

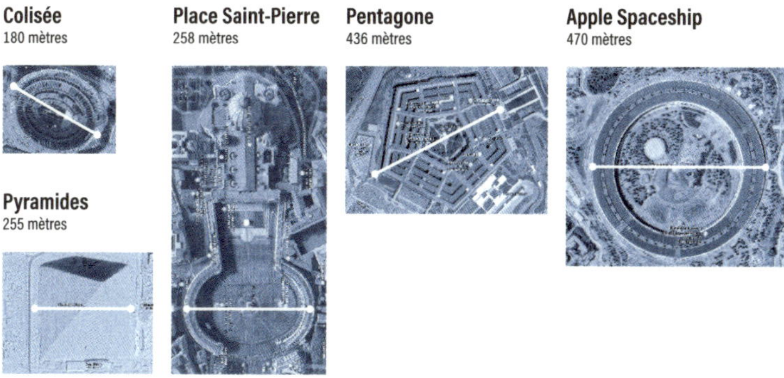

tique étaient de petites constructions en comparaison avec les bâtiments récents. Le Burj Khalifa à Dubaï, aux Émirats Arabes Unis, est encore le bâtiment le plus haut du monde. Mais il sera bientôt dépassé par la Jeddah Tower chez sa voisine l'Arabie Saoudite. Sa construction aura duré quatre ans et la tour culminera à plus d'un kilomètre de haut. Les pyramides de Chéops, également construites dans le désert – mais en Égypte – ne dépassaient guère 147 m de haut et ont nécessité 20 ans de travaux.

Nous construisons des choses de plus en plus folles, plus grandes, plus impressionnantes et plus complexes. Et cette extravagance ne s'arrête pas à l'architecture. Nos machines et nos véhicules suivent le même chemin. L'Airbus A380 peut accueillir 835 passagers, soit le double de la capacité (416 passagers) du Boeing 747 conçu dans les années 1970. Le plus grand porte-conteneurs au monde est l'OOCL Hong Kong : il mesure 400 mètres de long, 59 mètres de large et peut transporter 21 400 conteneurs, pour un poids total de 200 000 tonnes. Le Titanic ne dépassait pas 269 mètres de long, 28 mètres de large, et pesait 46 000 tonnes.

C'est un cercle infernal : si vous fabriquez des choses de grande taille, vous avez besoin de grandes machines. Si vous utilisez plus de matières premières, vous avez besoin de plus grandes installations. L'augmentation de la taille des navires exige des cales sèches de plus grandes dimensions, de plus grandes écluses et de grands ports. La *Grosse Bertha* était une énorme pièce d'artillerie de l'armée allemande utilisée pendant la Première Guerre Mondiale. *Big Bertha* est également le surnom d'un énorme tunnelier (foreuse de tunnel) de 80 millions de dollars dont le surnom ne vient pas du canon allemand, mais du prénom de la première femme maire de Seattle, aux États-Unis, où la tête de forage a creusé son premier tunnel de 3 kilomètres.

Bagger 293 est une excavatrice géante construite en Allemagne en 1995 et qui nécessite cinq personnes pour la faire fonctionner. Cette excavatrice est utilisée dans les mines de charbon allemandes et pèse 14 200 tonnes. Elle a besoin d'un moteur de 16,5 mégawatts et ses dimensions dépassent l'imagination : 225 mètres de long, 96 mètres de haut. La machine peut extraire 219 000 tonnes de lignite par jour, et sa vitesse maximale est de 28 km/h. Une donnée complètement superflue, car je n'imagine personne allant se promener avec cette machine. **Sans notre demande croissante de matières premières, cette machine n'aurait jamais vu le jour. Elle démontre que nous vivons à l'ère du gigantisme et que nous construisons des machines qui rendent les humains parfaitement insignifiants.**

CONCENTRATION MALSAINE DANS DE NOMBREUX SECTEURS

La taille est le signe le plus visible du gigantisme, mais elle ne doit pas nous éblouir. D'autres critères moins visibles jouent un rôle tout aussi capital. **La concentration est une forme de gigantisme dans des domaines qui impressionnent moins par leur taille.** Les monopoles et oligopoles révèlent une situation malsaine dans l'économie, où une seule ou quelques rares entreprises occupent une position dominante trop importante. Même une activité de niche peut devenir prédominante, mais un nain géant se remarquera moins parmi des personnes de taille normale. En d'autres termes : une entreprise peut devenir un colosse dans une niche et dominer l'ensemble de son secteur.

Comme il n'est pas particulièrement aisé de mesurer la taille d'une entreprise, nous devons nous tourner vers des critères indirects. **La concentration peut être un excellent indicateur de croissance anormale.** « Concentration » signifie que seuls quelques très grands acteurs dominent une activité et que les petits doivent se contenter des miettes. Comment pouvons-nous la mesurer ? Les économistes ne sont pas d'accord sur la manière de mesurer objectivement la concentration et la « taille » des entreprises. Auparavant, le nombre d'employés était parfois considéré comme un bon indicateur, mais à l'ère technologique que nous connaissons, une entreprise peut occuper une position dominante dans son secteur sans employer un nombre d'employés particulièrement élevé.

La valeur ajoutée est un autre baromètre possible. Hélas, nous ne disposons pas de suffisamment de données historiques sur la taille des entreprises, sauf pour l'industrie manufacturière, et nous savons que ce secteur a considérablement régressé. Pour les dernières décennies, nous disposons donc principalement de données qui concernent des entreprises devenues moins représentatives.

Une autre méthode consiste à examiner la **concentration des bénéfices.** Aux États-Unis, il est possible de suivre l'évolution des bénéfices des entreprises « Fortune 500 » (les 500 plus grandes sociétés). On peut en déduire qu'elles représentent quasi systématiquement un peu plus de la moitié des bénéfices de toutes les entreprises aux États-Unis. Mais ces calculs approximatifs ne sont guère convaincants.

La concentration est un symptôme tellement crucial du gigantisme, en tant que maladie économique aux graves conséquences sociales, que nous y consacrerons un chapitre entier. L'effet « Champions League » (Ligue des Champions) provoque une concentration malsaine d'acteurs,

LA CONCENTRATION AUGMENTE DANS TOUS LES SECTEURS

FIG. 8 **Top 4 dans différents secteurs (États-Unis)**
Source : US Census Bureau 1992-2012.

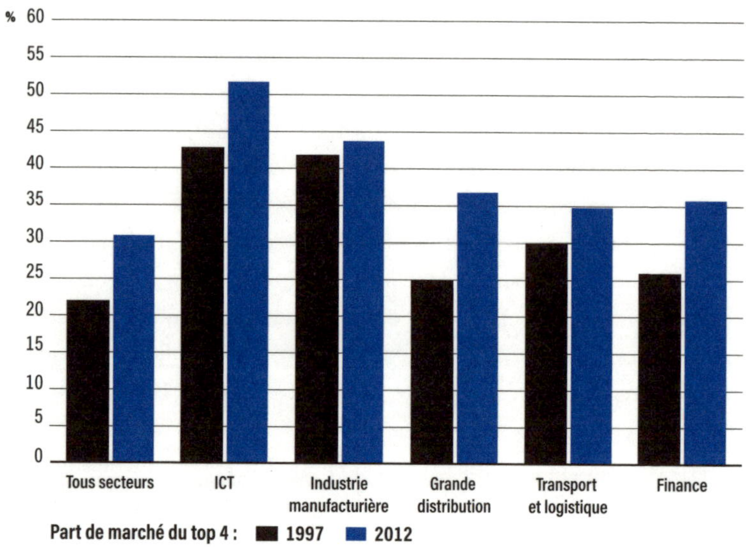

dont la position dominante empêche pratiquement toute forme de concurrence. Les seuils d'accès ne cessent d'être relevés, transformant rapidement les nouveaux venus en proies plutôt qu'en champions potentiels.

Des chercheurs ont été plus loin dans leurs analyses et sont arrivés à la conclusion qu'aux États-Unis, **75 % des secteurs avaient subi une concentration accrue** au cours des 20 dernières années. Ils ont également remarqué que les marges bénéficiaires étaient les plus élevées (*voir ci-après*) et les fusions-acquisitions les plus lucratives dans les secteurs ayant

UNE POIGNÉE D'ENTREPRISES REPRÉSENTENT LA QUASI-TOTALITÉ DE LA R&D

FIG. 9 **La concentration de la R&D dans différents secteurs**
Source : Bruegel.

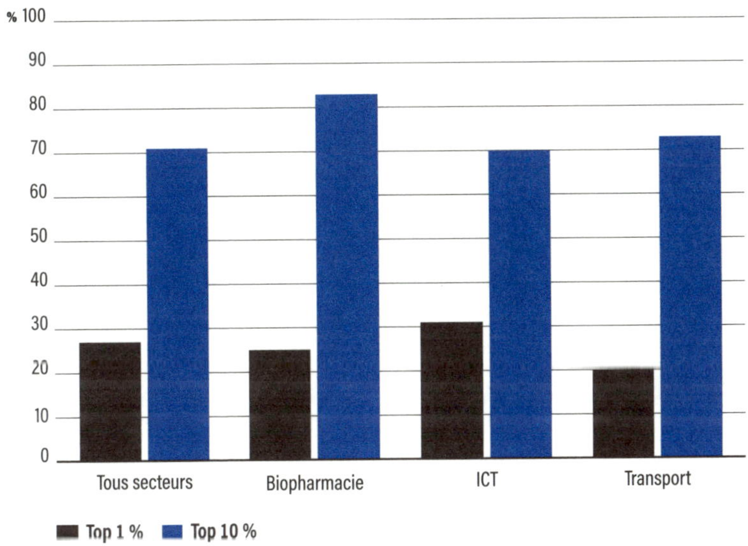

connu la plus forte concentration. Parallèlement, ils n'ont pas constaté d'amélioration significative de l'efficacité opérationnelle, ce qui indique que le pouvoir de marché représente une importante source de rentabilité. Ils ont pu prouver que la concentration s'était accrue et qu'elle avait réduit la concurrence.[5]

La compétitivité future d'une entreprise dépend de sa R&D (Recherche et Développement). Les investissements en R&D sont donc une bonne indication des futurs rapports de force. Une étude récente menée par le groupe de réflexion bruxellois Bruegel et la professeure Reinhilde

Veugelers montre une extrême concentration dans ce domaine, avec 1 % des entreprises mondiales représentant 25 % des investissements en R&D. Cette concentration est particulièrement élevée dans les secteurs de la biopharmacie, des technologies de l'information et de la communication, et de l'automobile.

Cela signifie que les grandes entreprises essaient de conserver leur avance en réalisant d'importants investissements dans la R&D. Les petites sociétés qui réussissent et qui sortiront tôt ou tard leur tête de l'eau représentent des proies faciles pour les grandes entreprises.[6]

Une fois de plus, l'Europe semble à la traîne dans la concentration, comme elle l'est dans la création de très grandes entreprises. Des études (Döttling et al., 2017)[7] révèlent que la concentration est beaucoup moins marquée en Europe, voire même se réduit, une tendance que les chercheurs attribuent à la forte dérégulation et aux strictes mesures antitrust appliquées par l'UE (*voir ci-après*).

BÉNÉFICES ÉLEVÉS, BAS SALAIRES

Cela nous amène naturellement à la troisième facette du gigantisme. La course à la taille provoque la concentration. Cette concentration se traduit à son tour par une baisse de la concurrence, ce qui augmente les bénéfices et les marges bénéficiaires, et réduit les salaires. Seule exception : les grandes entreprises qui sont en mesure de payer des salaires plus élevés que la moyenne.

Le Fonds Monétaire International (FMI) a calculé sur base des *mark-ups* - ou marges bénéficiaires - que le pouvoir des plus grandes entreprises avait considérablement augmenté depuis 1980.[c] Ces calculs mon-

c A cette fin, on a suivi les marges bénéficiaires moyennes sur des biens et des services fournis par des sociétés cotées dans 74 pays. La mesure dans laquelle une entreprise peut augmenter ses prix par rapport à ses coûts étant une mesure évidente et simple de sa puissance sur le marché.

LES MÉGA-ENTREPRISES AFFICHENT DES MARGES BÉNÉFICIAIRES DE PLUS EN PLUS IMPORTANTES

FIG. 10 Marges bénéficiaires sur les marchés développés et émergents

Source : Diez, Leigh et Tambunlertchai, *IMF working paper*, 2018.

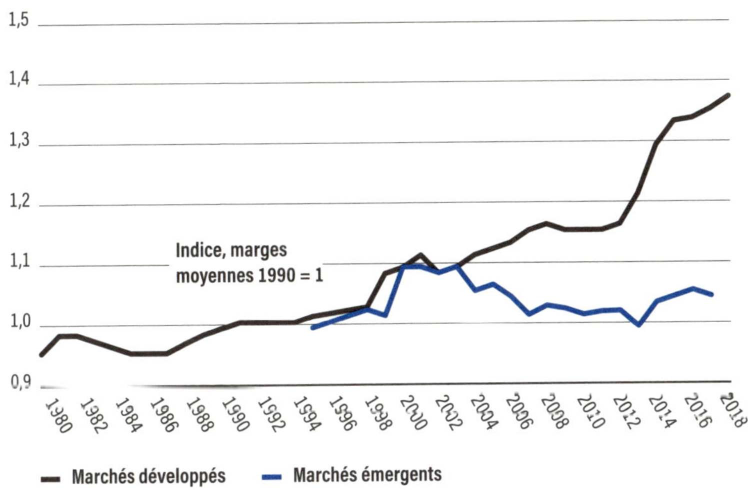

CE TABLEAU DÉMONTRE QUE LES GRANDS ACTEURS DEVIENNENT DE PLUS EN PLUS PUISSANTS

trent que les plus grandes entreprises sont mieux à même d'augmenter leurs marges. Le FMI y voit la preuve que leur domination s'est renforcée. Les conclusions du FMI s'appliquent à toutes les régions industrialisées occidentales et pas uniquement aux États-Unis.

On peut s'étonner que le FMI ait constaté ce phénomène d'augmentation des marges et du pouvoir de marché essentiellement dans les économies développées comme l'Europe, les États-Unis et le Japon. Il serait donc totalement absent des marchés émergents. L'étude montre aussi très clairement que le mouvement s'est accéléré au cours des dernières années, ce qui pourrait indiquer que les conséquences du gigantisme se feront sentir de plus en plus.

Un autre impact important observé par les économistes, c'est que non seulement la mondialisation favorise les sociétés superstars, mais elle réduit aussi la part du travail dans la valeur ajoutée et cette part continuera à se contracter. Cela signifie que les géants internet comme Amazon peuvent réaliser le même travail avec beaucoup moins d'employés que par exemple la chaîne de supermarchés Walmart. Une tendance que l'on pouvait percevoir de manière intuitive. Les chercheurs ont aussi constaté que cet effet de gigantisme avait des conséquences comparables dans de très nombreux secteurs. **En d'autres termes, le gigantisme provoque une baisse de la composante travail en faveur des bénéfices.**

La rentabilité n'est pas un problème en soi. **Mais lorsque les bénéfices sont le résultat de positions privilégiées, cela nuit à long terme à l'économie.** Une baisse de l'emploi dans une activité ou un secteur n'est d'ailleurs pas nécessairement négative pour l'ensemble de l'économie, car des emplois sont peut-être en train de se créer dans d'autres domaines. Ce que nous constatons, c'est que les grandes entreprises n'offrent pas nécessairement les meilleures conditions de travail. Une position dominante se manifeste de plusieurs manières, y compris sous forme de « position de force » dans la relation employeur-employé. Amazon a récemment relevé son salaire minimum aux États-Unis car elle a compris qu'elle commençait à devenir la cible de critiques.[8]

Les conditions de travail et les salaires ne sont qu'une partie des critères qui seront analysés dans le prochain chapitre. Le gigantisme a des conséquences sociétales, et nous devons en être conscients. Si nous acceptons les règles du jeu de la domination, nous devrons aussi reconnaître et accepter leurs conséquences pour la société. **Puisqu'il n'est pas toujours possible d'établir un lien entre les tendances sociétales et l'émergence du gigantisme, nous avons essayé d'analyser plusieurs de ces tendances.**

LES BÉNÉFICES DES MÉGA-ENTREPRISES NE CESSENT D'AUGMENTER

FIG. 11 Les plus grandes entreprises sont aussi les plus rentables
Source : Furman et Orszag 2015, Koller, Goedhart et Wessels 2015, McKinsey et Co.

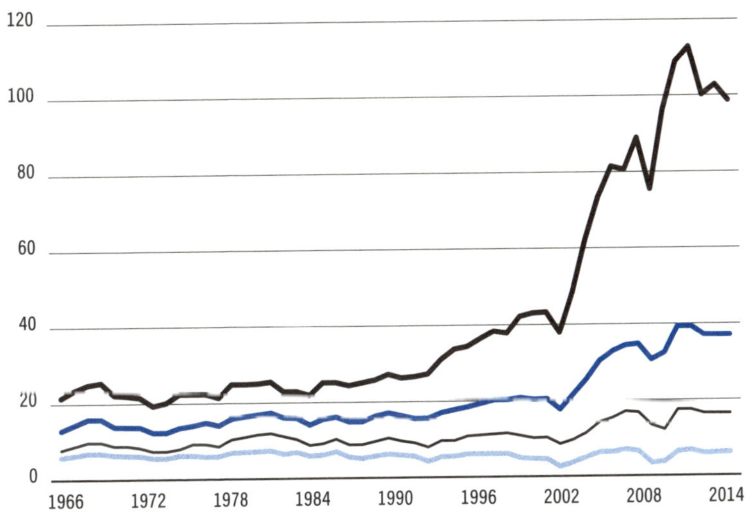

Rendement sur capitaux investis des entreprises américaines sur base de leur taille.
90e percentile — **75e percentile** — **Médiane** — **25e percentile**

Des recherches menées sur la rentabilité des entreprises américaines ont mis davantage en évidence la problématique des bénéfices excessifs. Les bénéfices des très grandes entreprises (le 90e percentile ou les 10 % supérieurs des plus grandes entreprises, *cf. fig. 11*) étaient de loin supérieurs à ceux de toutes les autres entreprises. Une tendance qui a explosé depuis le changement de millénaire. Cette hausse anormale des bénéfices indique clairement que la concentration et les rapports de forces sont aujourd'hui complètement déséquilibrés dans l'économie américaine. Les inégalités entre les entreprises sont inquiétantes : on

LES GRANDES ENTREPRISES ÉJECTENT LES PLUS PETITES DE L'ÉCONOMIE

FIG. 12 **Monopoles et rentabilité**

Source : OCDE « Declining business dynamics », par Calvino, Verlhac, Criscuolo.

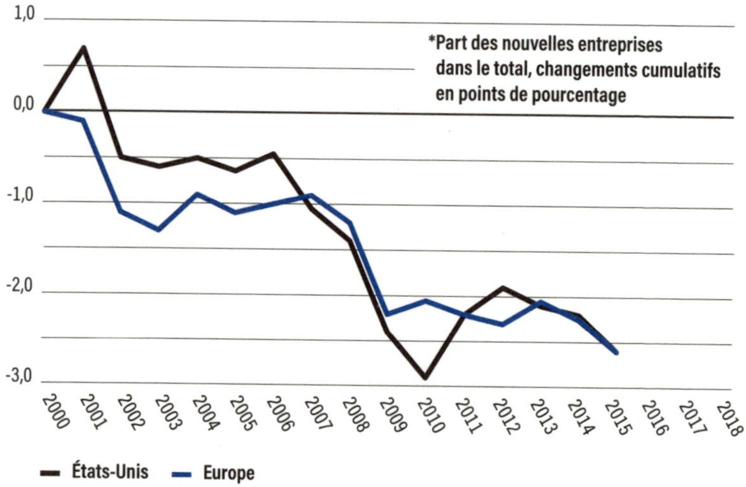

LE NOMBRE DE NOUVELLES ENTREPRISES EST EN BAISSE AUX ÉTATS-UNIS ET EN EUROPE

constate une stagnation de la rentabilité des petites entreprises à un niveau bas tandis que celle des grandes entreprises atteint des niveaux stratosphériques.

Et comme si nous manquions encore de preuves, on trouve de plus en plus de signes que les grandes firmes excluent purement et simplement les plus petites sociétés de l'économie. Par exemple, le nombre de nouvelles entreprises ne cesse de baisser, tant aux États-Unis qu'en Europe (*cf. fig.* 12), ce qui indique un déclin de la dynamique, alors qu'au même

LE GIGANTISME GÉNÈRE DES BÉNÉFICES « EXCESSIFS »

FIG. 13 Répartition des bénéfices excessifs dans le monde
Source : Bloomberg.

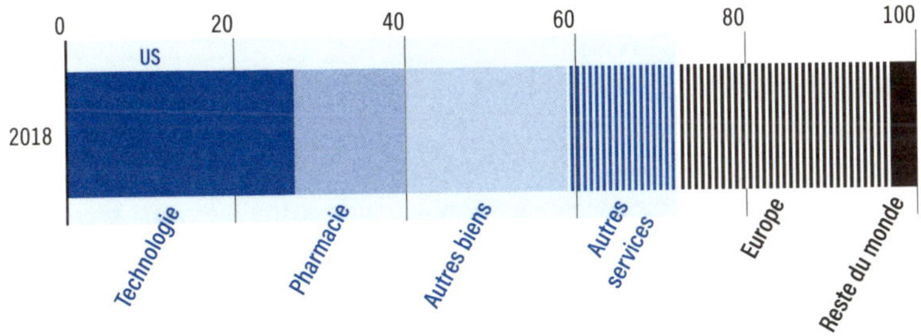

Bénéfices excessifs = bénéfices nets taxés supérieurs à 8 % du coût du capital, hors goodwill, calculé sur les 5 000 plus grandes entreprises cotées

LES BÉNÉFICES « EXCESSIFS » SONT SURTOUT UN PHÉNOMÈNE AMÉRICAIN ET SE RETROUVENT ESSENTIELLEMENT DANS LES ENTREPRISES TECHNOLOGIQUES ET PHARMACEUTIQUES

moment le nombre d'entreprises jouissant d'un statut monopolistique ou oligopolistique augmente.[D]

Les bénéfices anormalement élevés confirment une fois de plus l'émergence du gigantisme dans l'économie et en particulier dans certains secteurs comme la technologie et la pharmacie, principalement aux États-Unis, et dans une moindre mesure en Europe (*cf. fig.* 13).

D Une augmentation du nombre de « structures d'entreprises » n'est pas nécessairement la même chose qu'une hausse du nombre d'« entreprises ». Les structures fiscales et le renvoi des travailleurs vers le statut d'indépendant en sont deux exemples significatifs.

CONCLUSION

LES ENTREPRISES SONT DE PLUS EN PLUS GRANDES, CONCENTRÉES ET PUISSANTES

Le gigantisme existe depuis la nuit des temps mais, aujourd'hui, il est devenu omniprésent. Nous n'en sommes pas toujours conscients et nous finissons même par trouver cela normal. Ce n'est qu'en prenant un peu de recul et en identifiant ses symptômes que nous remarquons à quel point il domine l'économie et la société.

Son impact sur l'économie est tentaculaire et touche aussi bien les marges bénéficiaires, le cours des actions, les rapports de force entre les régions que les ratios entre les revenus du travail et les revenus du capital. Les bénéfices des grandes entreprises ne cessent d'augmenter, ce qui leur permet de payer des salaires plus élevés. Ces entreprises freinent non seulement la dynamique entrepreneuriale, mais aussi l'innovation et le développement des petites entreprises.

Les États-Unis et la Chine encouragent le gigantisme dans le monde de l'entreprise, alors que l'Europe a tendance à le combattre. Par conséquent, le Vieux Continent abrite des multinationales relativement moins grandes et est dominé par des sociétés étrangères. **Par contre, sur le Vieux Continent, le pouvoir des autorités publiques n'a cessé d'augmenter, ce qui a donné par exemple à la sécurité sociale des proportions gigantesques, en comparaison avec l'étranger.** Les pouvoirs publics européens ont remplacé l'autonomie traditionnelle des citoyens en s'imposant dans toutes les facettes de la société. Je ne plaide pas pour moins de solidarité, mais je défends une solidarité moins organisée par les pouvoirs publics et davantage par les communautés locales, la famille et les amis. Les pouvoirs publics ont institutionnalisé des services qui étaient auparavant plus efficaces, moins chers et plus humains. En Europe, ce sont d'ailleurs les institutions publiques qui occupent les bâtiments les plus grands et les plus impressionnants : la Banque Centrale Européenne à Francfort, l'Union Européenne à Bruxelles et à Strasbourg, et les sièges des gouvernements dans les différents pays. Aux États-Unis, le pouvoir est surtout aux mains des grandes entreprises, tandis qu'en Europe, il se situe dans les plus grandes bureaucraties.

Pendant que les humains tentent de calmer leur appétit insatiable en extrayant toujours plus de matières premières, les ingénieurs construisent des machines de plus en plus grandes pour les extraire du sol. Pendant ce temps, les potentats se font concurrence un peu partout dans le monde pour construire les tours les plus hautes, symboles phalliques confirmant leur aspiration personnelle au gigantisme.

Les avantages économiques de l'effet de taille sont très importants et nous ont beaucoup apporté dans le passé. Nous continuons à profiter des économies d'échelle, mais l'équilibre a basculé et nous ne tenons pas suffisamment compte de leurs conséquences négatives. Les économies d'échelle que l'on nous promet sont parfois exagérées ou disparaissent à partir d'une certaine taille, ce qu'on ne nous dit pas. Je ne suis pas contre les économies d'échelle, mais contre la place excessive qui leur est souvent accordée, et je déplore que leur impact social et écologique – qui gomme parfois leurs avantages – soit si peu pris en compte.

CHAPITRE 2

HORMONES DE CROIS-SANCE DU GIGANTISME

Grand. Plus grand. Le plus grand. Notre système économique pousse au gigantisme de manière excessive. Il est devenu essentiel d'être grand pour bénéficier d'un maximum d'avantages et d'un minimum de charges. Cette évolution est probablement en partie involontaire mais, pour une partie non moins importante, elle est subtilement encouragée par les représentants des grandes entreprises et leurs lobbyistes, qui ont beaucoup d'influence sur le monde politique. Nous n'avons pas à invoquer des agendas cachés et malveillants ; il ne s'agit pas d'un complot des *illuminati*, de la franc-maçonnerie ou de la famille Rothschild. Non, nous n'avons pas besoin de théories du complot : les impulsions responsables du gigantisme sont très diverses et viennent de nombreuses directions.

Adam Smith, un des fondateurs de la théorie économique, ne voyait pas d'un bon œil les grandes entreprises et l'absence de concurrence. L'auteur de *The Theory of Moral Sentiments* (1759) et de *The Wealth of Nations* (1776) a passé sa vie à étudier le pouvoir des entreprises. Il estimait que les grandes entreprises représentaient un danger pour le bon fonctionnement de l'économie. 250 ans plus tard, nous sommes passés en mode « overdrive » (ou suractivité) et les entreprises ont pris des dimensions disproportionnées qui ont un impact négatif non seulement aux niveaux économique et social, mais aussi dans d'autres domaines comme le climat.

Nous devons retourner aux racines du capitalisme pour comprendre pourquoi cette recherche du plus grand ne peut rien apporter de bon. **Le capitalisme a apparemment oublié de se battre contre ses pires ennemis : le manque de concurrence et le pouvoir excessif de quelques entreprises.** Mais il ne s'agit pas uniquement du capitalisme. Il s'agit aussi des humains et de ce qui les rend heureux, car l'objectif premier de l'économie n'est pas de favoriser une minorité de personnes au détriment de la majorité. Dans notre analyse, nous accordons une place prépondérante à l'impact sociétal des systèmes surdimensionnés. **Ce que nous recherchons, c'est une économie à taille humaine, qui rend les gens plus heureux et qui empêche les excès.**

Dans ce chapitre, nous passerons en revue les éléments qui ont encouragé le gigantisme. Nous verrons ensuite quelles conclusions en tirer. Cette analyse est essentielle pour comprendre pourquoi il n'est pas simple d'arrêter ce processus et encore moins de l'inverser. Le gigantisme a été distillé dans tellement de systèmes – et parfois a même été transposé et coulé dans des lois et réglementations – que seule une connaissance approfondie de très nombreux acteurs nous permettra – d'abord progressivement et ensuite plus rapidement – d'y mettre fin.

QUATRE DÉCENNIES DE BAISSE DES TAUX : LE PLUS GRAND LEVIER AU MONDE

Un graphique est plus éloquent qu'un long discours (*cf. fig. 14*). Depuis 1980, les taux d'intérêt n'ont cessé de baisser partout dans le monde. Cette année-là, les taux directeurs oscillaient encore aux alentours de 13 %. En 2018, ils sont inférieurs à 2 %. En Europe et au Japon, ils sont mêmes tombés sous la barre de 1 %. Ces dernières années, on a même vu des taux en dessous de zéro, un niveau complètement contradictoire – du moins en théorie – avec l'idée que l'on se fait d'un système capitaliste en bonne santé.

Cette baisse des taux était et est encore le résultat d'une autre tendance importante observée pendant ces 40 dernières années : la baisse de l'inflation, après une flambée dans les années 1970 (entre autres à cause de la crise pétrolière). Les banques centrales n'ont pas cessé de renforcer leur emprise sur les marchés financiers et sur l'économie en menant une politique interventionniste. La politique de taux réduits est ainsi devenue une arme redoutable. Les banquiers centraux comme Alan Greenspan et Ben Bernanke aux États-Unis, ainsi que Mario Draghi en Europe, ont systématiquement réduit les taux, pour tenter de différer les problèmes et mettre en avant les effets favorables de leur politique.

Toute baisse des taux représente une forme d'hypothèque sur l'avenir, car elle repousse les charges vers un horizon lointain. Pourquoi ? Parce que, lorsque les taux baissent, il est possible d'emprunter à de bonnes conditions. Grâce à ces crédits, les entreprises, les ménages et les pouvoirs publics peuvent acheter des biens et des services qu'ils ne pourraient pas se permettre immédiatement, et pour lesquels ils devraient attendre par exemple d'avoir épargné ou bénéficié de rentrées d'argent. Grâce aux taux bas, les entreprises et les pouvoirs publics peuvent investir davantage, ce qui est positif. Sauf si cela provoque une surcapacité, ce qui aggrave encore les problèmes. L'argent bon marché peut aussi être utilisé pour des investissements non productifs : grands travaux qui ne

LA BAISSE DES TAUX GÉNÈRE L'EFFET DE LEVIER

FIG. 14 Évolution des taux d'intérêt au niveau international
Source : Thomson Financial Datastream.

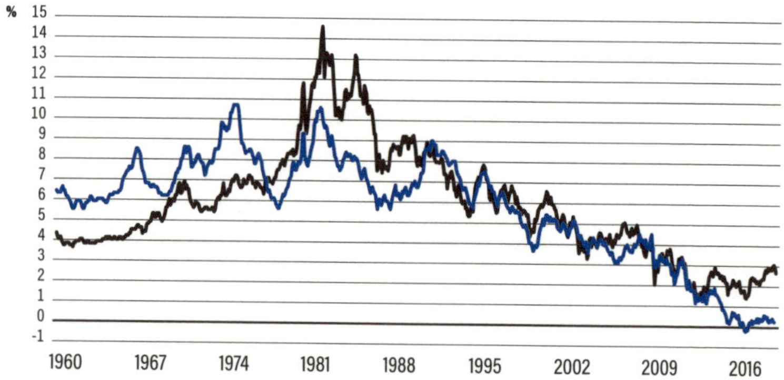

Évolution des taux d'intérêt en Allemagne et aux États-Unis :
— Allemagne — États-Unis

LES TAUX BAS SONT UNE FORME DE DOPAGE

TABLEAU 5 Taux et endettement
Une baisse du taux de 2 % à 1 % double la capacité d'endettement.

Dette	Taux d'intérêt	Charge d'intérêt
100	7 %	7
116	6 %	7
200	3,5 %	7
300	2,5 %	7
350	2 %	7
400	1,75 %	7
500	1,4 %	7
600	1,25 %	7
700	1 %	7

sont finalement pas utilisés, villes fantômes ou autre gaspillage de moyens.

Une baisse des taux imposée par les banques centrales peut ressembler à première vue à un remède miracle, mais en réalité c'est tout le contraire. Elle ne fait que reporter les échéances, qu'il s'agisse des revenus, des charges ou des investissements. Les points positifs (croissance, consommation, ...) sont anticipés tandis que les points négatifs (remboursements, surconsommation, surcapacité, ...) sont reportés à plus tard.

Les taux bas ont aussi des effets secondaires, dont un phénomène connu sous le nom d'effet de levier. Suite à la baisse des taux, la charge d'intérêt se réduit. Dans le cas des entreprises, cela augmente leur marge de manœuvre pour investir dans d'autres projets : investissements, augmentation des salaires, réduction des prix, etc. Mais une entreprise (ou un ménage) peut aussi décider d'emprunter davantage sans pour autant augmenter sa charge d'intérêt. Et c'est ce qui se passe souvent en pratique : les entreprises, les ménages et les pouvoirs publics augmentent sensiblement leur endettement.

Un taux bas a donc des conséquences non négligeables : il constitue une forme de dopage de l'économie (*cf. tableau 5*) et, comme le dopage, il induit une dépendance et a des effets indésirables importants. Pour compléter la comparaison avec le dopage, un taux bas a des effets positifs à court terme, mais des effets néfastes à long terme. De plus, le dopage fausse littéralement la compétition, car il donne un avantage à ceux qui ne seraient normalement pas concurrentiels.

Une baisse du taux de 7 à 1 % permet d'emprunter sept fois plus tout en payant la même charge d'intérêt. Le problème ici n'est donc pas tellement la charge d'intérêt, mais le remboursement du capital à l'échéance. C'est le danger de l'accumulation de dettes.

Comme le montre l'exemple dans le tableau 5, l'effet n'est pas linéaire, mais exponentiel. Une baisse du taux de 7 à 6 % augmente la capacité d'emprunt de 16 %, c'est-à-dire que le montant emprunté peut passer de 100 à 116. Mais une baisse de 2 à 1 % augmente la capacité d'emprunt de 100 %, c'est-à-dire la multiplie par deux. **Exprimée en euros, une baisse des taux de 7 à 6 % augmente la capacité d'emprunt de 16 euros. Mais une baisse de 2 à 1 % l'augmente de 350 euros. On passe donc de 350 à 700 euros.** Vous pouvez facilement imaginer l'effet de levier de ces baisses de taux dans les pays à forte capacité d'emprunt (comme les États-Unis et la plupart des pays de la zone euro) et pour les entreprises (les grandes entreprises ont un accès plus facile au crédit). Ces dernières peuvent donc facilement financer de nombreuses acquisitions par de l'endettement.

Les entreprises qui bénéficient de taux d'emprunt très bas peuvent réaliser de plus grandes acquisitions sans augmenter la charge d'intérêt. Il faut aussi souligner que les taux des grandes entreprises sont systématiquement plus bas que ceux des petites sociétés, car les banques et les marchés financiers considèrent les petites entreprises (PME) plus risquées et les pénalisent, parce que leurs obligations portent sur des montants plus faibles et sont donc moins facilement négociables et assorties de frais fixes plus élevés. L'effet de levier est donc plus important pour les grandes entreprises.

Depuis la crise financière de 2007–2008, de nombreuses banques centrales ont lancé des programmes de rachat d'obligations souveraines, mais aussi d'obligations d'entreprises. Vu que ces titres ne sont émis que par les grandes entreprises, les banques centrales financent en réalité de nouvelles émissions de dettes qui permettent aux grands conglomérats de financer leurs acquisitions. C'est un exemple de la manière dont la stratégie « grand, plus grand, le plus grand » favorise le gigantisme.

Le nombre de fusions et acquisitions a beaucoup augmenté au cours des dernières décennies. Des entreprises comme AB InBev, Facebook, Google ou Microsoft sont devenues des géants parce qu'elles ont notamment absorbé d'autres grandes entreprises. Les grandes firmes sont en permanence en train de réaliser de petites et grandes acquisitions, et disposent même d'un département spécialisé dédié à cette activité. Par exemple, le groupe brassicole belge AB InBev est devenu très rapidement un géant mondial, suite à la fusion d'Anheuser-Busch, Interbrew, Corona et SAB Miller. Cette expansion a été en grande partie rendue possible grâce à de l'endettement contracté à des taux particulièrement bas.

Ce phénomène s'est produit dans quasiment tous les secteurs. Si nous nous plongeons dans l'histoire économique des 150 dernières années, il est frappant de constater que les plus grandes acquisitions ont été réalisées au cours des quatre dernières décennies. Il s'agit donc d'un phénomène relativement récent (*cf. fig.* 15).

FATAL ATTRACTION : LE PHÉNOMÈNE DES FUSIONS ET ACQUISITIONS S'EST INTENSIFIÉ AU COURS DES DERNIÈRES DÉCENNIES

FIG. 15 Fusions et acquisitions 1900-2018

Source : calculs propres sur base de la liste Wikipedia des plus grandes transactions de fusions et acquisitions.

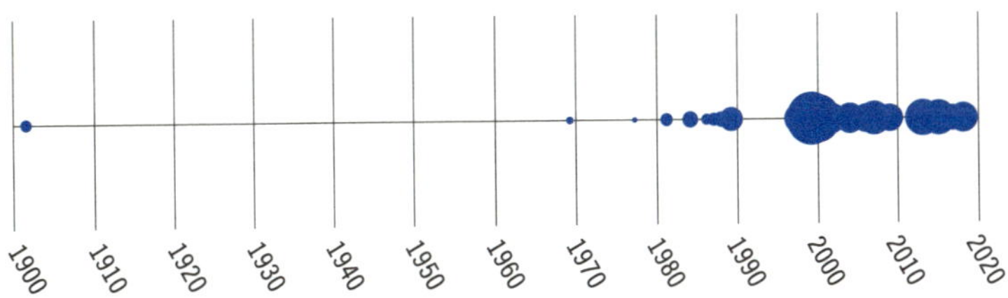

Fusions & acquisitions (monde entier) de plus de 10 milliards de dollars, chiffres corrigés pour tenir compte de l'inflation - 2017. La taille des boules bleues correspond au nombre de transactions.

TABLEAU 6 Principales fusions et acquisitions 1900-2018 (sélection)

Source : recherches propres (sélection sur base des informations publiques sur les fusions et acquisitions entre 1900 et 2018 ; seuil > 10 milliards de dollars ou plus grande transaction d'une décennie).

Année	Société	Cible	Valeur (milliards de $ 2017)
1901	UNITED STATES STEEL CORP.	CARNEGIE STEEL COMPANY	14
1969	XEROX CORPORATION	SCIENCE DATA SYSTEMS	6
1977	ATLANTIC RICHFIELD COMPANY	ANACONDA COPPER	3
1981	DU PONT	CONOCO	20
1984	STANDARD OIL OF CALIFORNIA	GULF OIL	31
1987	BP	STANDARD OIL OF OHIO	17
1988	PHILIP MORRIS	KRAFT FOODS	27
1989	KOHLBERG KRAVIS ROBERTS	RJR NABISCO	61
1997	WORLDCOM	MCI COMMUNICATIONS	64
1998	EXXON	MOBIL	116
1998	CITICORP	TRAVELERS GROUP	110
1998	BELL ATLANTIC	GTE	80
1998	BP	AMOCO	80
1999	VODAFONE GROUP	MANNESMANN	297
1999	PFIZER	WARNER-LAMBERT	164
1999	VODAFONE GROUP	AIRTOUCH COMMUNICATIONS	88
1999	QWEST COMMUNICATIONS	US WEST	71
2000	AOL	TIME WARNER	234
2000	GLAXO WELLCOME	SMITHKLINE BEECHAM	108
2001	COMCAST CORPORATION	AT&T BROADBAND	100
2002	PFIZER	PHARMACIA	81
2004	JPMORGAN CHASE & CO.	BANK ONE	76
2006	AT&T	BELLSOUTH CORPORATION	88
2008	INBEV	ANHEUSER-BUSCH	59
2009	PFIZER	WYETH	78
2015	DOW CHEMICAL	DUPONT	134
2015	ANHEUSER-BUSCH INBEV	SABMILLER	134
2015	HEINZ	KRAFT	103
2015	DELL	EMC CORPORATION	69
2015	BRITISH AMERICAN TOBACCO	R. J. REYNOLDS	63
2016	LINDE	PRAXAIR	85

2016	BAYER	MONSANTO	60
2016	CHEMCHINA	SYNGENTA	44
2016	SHIRE	BAXALTA	35
2016	SOFTBANK	ARM HOLDINGS	33
2016	MICROSOFT	LINKEDIN	27
2018	AT&T	TIME WARNER	95
2018	THE WALT DISNEY COMPANY	21ST CENTURY FOX	80
2018	TAKEDA PHARMACEUTICAL	SHIRE	62
2018	COMCAST CORPORATION	SKY	39
2018	IBM	RED HAT	34
2018	VODAFONE GROUP	LIBERTY GLOBAL	22

TSUNAMI DE FUSIONS ET ACQUISITIONS

FIG. 16 **Nombre et valeur des fusions et acquisitions dans le monde**

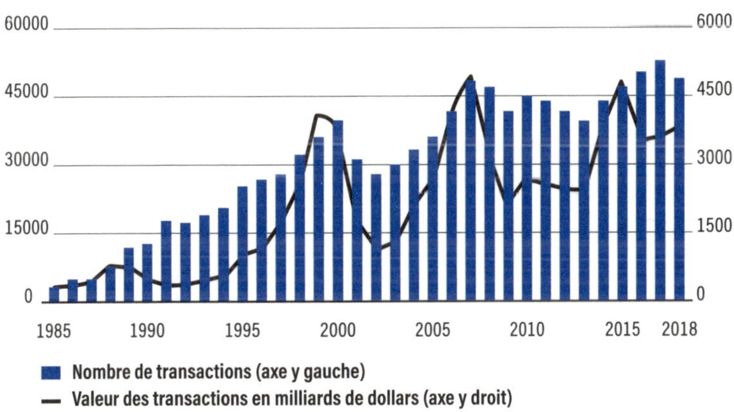

LE NOMBRE ET LA VALEUR DES TRANSACTIONS DE FUSIONS ET ACQUISITIONS ONT ÉNORMÉMENT AUGMENTÉ AU COURS DES 20 DERNIÈRES ANNÉES. DEPUIS 2000, ON DÉNOMBRE PLUS DE 790 000 TRANSACTIONS, POUR UNE VALEUR DE 60 000 MILLIARDS DE DOLLARS.

La liste des plus grandes acquisitions depuis 1900 est éloquente (*cf. tableau 6*) : non seulement les plus grands rachats d'entreprises (convertis en dollars actuels, et en dehors de l'acquisition réalisée par AOL au plus haut de la bulle internet) ont eu lieu dans un passé récent, mais leur nombre a augmenté de manière spectaculaire. C'est précisément ce à quoi on pouvait s'attendre au vu du coup de pouce donné par les taux bas et l'effet de levier, qui profitent surtout aux grandes entreprises.

Nous nous sommes tellement habitués à ces méga-transactions que plus personne ne se pose de questions. Est-ce sain ? Est-ce normal dans un système capitaliste ? Faut-il fixer des conditions ?

Ces transactions rapportent beaucoup trop d'argent à de trop nombreux acteurs au point que l'on pourrait même parler de conflits d'intérêts. Les pouvoirs publics y voient certainement des avantages pour leur pays et mettraient probablement leur veto s'ils pensaient que l'intérêt national était menacé. Mais il n'y a personne pour défendre les intérêts des travailleurs, des clients, des fournisseurs et des (nouveaux) concurrents. L'Europe et surtout les États-Unis ne s'insurgent que rarement contre la mise en danger de la libre concurrence. Parfois, certaines petites parties (symboliques) de l'acquisition doivent être sacrifiées, mais la plus grande part du gâteau reste intacte. Résultat : en quelques décennies, l'équilibre du marché libre s'est retrouvé complètement bouleversé.

Bon nombre de ces grandes fusions et acquisitions ont été décidées pour réaliser des économies d'échelle et des synergies. Les équipes de direction sont convaincues que « 1 + 1 » ne fait pas « 2 », mais que la fusion de deux entreprises distinctes vaut davantage que la somme des deux. Ces synergies peuvent se présenter sous la forme de réduction des coûts (*economies of scale*) ou de hausse des revenus, suite à l'élargissement de la gamme de produits et/ou des marchés, ou via l'effet de diversification ou de partage du savoir-faire au sein de l'entité fusionnée.

Une étude du cabinet de conseil Bain & Company[9] montre par ailleurs que 70 % des entreprises qui se lancent dans une acquisition surestiment les synergies. La création de valeur des fusions et acquisitions est donc souvent remise en question, moins par les consultants au service des entreprises que par le monde académique. D'après le magazine américain spécialisé en gestion *Harvard Business Review*, 60 % des fusions et acquisitions échouent.[10] Certaines études universitaires avancent même le chiffre de 83 % d'échecs.[11]

Les synergies sont pourtant très souvent la principale motivation des fusions et acquisitions. Les patrons s'imaginent volontiers en bâtisseurs d'empire. Ils aiment être reconnus comme bâtisseurs de grandes entreprises et sont d'ailleurs souvent encouragés à le faire grâce à des systèmes de bonus et d'options sur actions. Au cours des dernières décennies, de nombreuses entreprises ont été créées par des patrons aux ego surdimensionnés, pour ensuite imploser. Je pense bien à Dexia, Tyco, Fortis, AOL Time Warner, Deutsche Bank et Daimler Chrysler. **L'argent bon marché mis aux mains de patrons arrogants peut se transformer en arme d'autodestruction pour des entreprises saines.**

Une autre conséquence des taux (trop) bas et de la possibilité qu'ils offrent de racheter des entreprises, c'est que de nombreuses sociétés peuvent continuer très longtemps à fonctionner, même si elles ne sont pas rentables. L'argent gratuit a donné naissance à de nouveaux modèles opérationnels permettant à des entreprises de trouver facilement du financement pour désarçonner un concurrent, voire détruire tout un secteur, y survivre et ensuite profiter d'une situation (quasi) monopolistique. Je pense ici à Uber, Amazon, Zalando et Netflix. Ces stratégies auraient été impossibles à mettre en œuvre si le loyer de l'argent avait été plus élevé et si l'économie n'avait pas été inondée de liquidités. Cette nouvelle forme de *dumping* a réussi à s'infiltrer entre les replis des règles économiques en vigueur. Les médias, le commerce de détail et l'industrie du tourisme ne sont que la partie visible de l'iceberg. La plupart des secteurs peuvent se retrouver à la merci d'une guerre des prix lancée par des géants, qui commencent par réduire les marges et éliminer leurs concurrents pour ensuite faire main basse sur le désert économique qu'ils ont créé.

MONDIALISATION

Le gigantisme est aussi encouragé par la tendance à la mondialisation observée au cours des dernières décennies. Le triangle économique formé par l'Europe occidentale, les États-Unis et le Japon a progressivement laissé place à une économie mondiale dont la Chine, les pays asiatiques et l'Europe de l'Est – après la chute du Mur de Berlin – ont complètement redessiné les contours. **L'agrandissement du terrain de jeu a augmenté la taille des acteurs.** La création de la zone euro l'a démontré dans le secteur bancaire, mais ce phénomène s'est produit partout et à toutes les époques. La mondialisation est un des principaux moteurs du gigantisme.

L'Union Européenne, l'euro et la zone euro ont été créés pour cette raison précise : bénéficier d'un marché intérieur comparable à celui des États-Unis et donner ainsi naissance à de plus grandes entreprises. Nous ne contestons pas ce raisonnement, mais nous constatons que la taille était un objectif spécifique clairement déclaré et que cet objectif a alimenté le gigantisme. Si la zone euro n'avait pas existé et si la BCE n'avait pas fermé les yeux – pour ne pas dire que sa politique monétaire les a encouragés – sur la création d'acteurs financiers mondiaux, l'Europe n'aurait jamais connu les giga-banques qui ont provoqué les problèmes – désormais connus – de 2008 (le phénomène « *too big to fail* »). Deutsche Bank, BNP Paribas, Société Générale et d'autres banques faisaient la course pour mettre fin à l'hégémonie de Goldman Sachs, JP Morgan et Morgan Stanley.

La mondialisation est le résultat des effets positifs de la politique de libre-échange. Aucun économiste n'est contre le libre échange en tant que tel. Le fait que des pays échangent librement des produits et des services et se spécialisent dans les domaines où ils disposent d'un avantage concurrentiel est bénéfique pour toutes les parties. Mais on en a totalement sous-estimé les conséquences à bien des égards ou du moins négligé de prendre les mesures d'accompagnement nécessaires. Sans harmonisation des règles et des normes sociales, le libre échange crée inévitablement des distorsions. Les modèles simplifiés des économistes ne tiennent pas compte de la sécurité sociale, des normes de sécurité des produits, ni des émissions de CO_2.

Le gigantisme n'est donc qu'un effet collatéral de la mondialisation, en plus de son impact social et environnemental. Lorsque j'aborderai les solutions, je ne plaiderai pas pour l'anti-mondialisation. Mais j'ai bien écouté les arguments des anti-mondialistes : par désespoir, ils rejettent le système dans sa globalité, ce qui revient à jeter le bébé avec l'eau du bain. La mondialisation peut être une bonne chose si l'on mise suffisamment sur l'économie locale. Dans tous les cas, les multinationales ont été les plus grandes gagnantes de la mondialisation. Leur taille, leur croissance, leurs bénéfices et leur impact ont beaucoup augmenté grâce à l'ouverture des frontières et à l'agrandissement du terrain de jeu économique. Toute société capable de mondialiser ses activités – via une croissance organique ou par fusions et acquisitions – voit son impact et sa taille augmenter proportionnellement. Ce phénomène crée une dualité dans le monde des entreprises entre acteurs locaux et champions globaux, les premiers devenant des proies de plus en plus faciles pour les seconds.

LES ENTREPRISES – SURTOUT LES PLUS GRANDES – PAIENT DE MOINS EN MOINS D'IMPÔTS

Vous vous souvenez probablement du graphique qui montre la baisse des taux depuis 1980 (*cf. fig. 14*). En réalité, le graphique de la baisse des taux de l'impôt des sociétés à l'échelle mondiale en est presque une copie conforme (*cf. fig. 17*). **Le taux moyen d'imposition des sociétés dans les pays de l'OCDE a été quasiment divisé par deux depuis la fin de la Seconde Guerre Mondiale** et cette baisse s'est poursuivie après la crise de 2008. Dans certains secteurs comme la technologie, le taux moyen d'imposition est même encore plus bas.

LES GRANDES ENTREPRISES PAIENT DE MOINS EN MOINS D'IMPÔTS

FIG. 17 Taux d'imposition des sociétés, dans le monde et aux États-Unis
Source : Tax Foundation basé sur des données de PWC, KPMG et Deloitte.

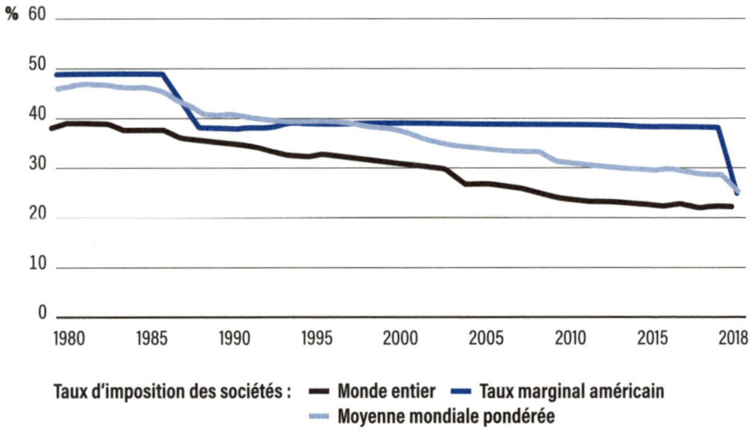

TABLEAU 7 Impôt des sociétés, exprimé en % des bénéfices
Source : recherches propres.

OCDE		US			
1980	2019	1950	1985	1995	2019
50 %	< 25 %	50 %	40 %	30 %	20 %

Cette baisse est la conséquence de plusieurs facteurs. Le niveau de départ était certes relativement élevé, mais le principal facteur expliquant la baisse simultanée des impôts dans toutes les régions du monde n'est rien d'autre que la mondialisation. **Lorsqu'elles doivent décider de l'implantation d'un nouveau site - et donc investir des sommes importantes -, les**

multinationales ont pris l'habitude de mettre les pays en concurrence. Ces investissements étant souvent synonymes de création d'emplois (par exemple dans l'assemblage automobile), les gouvernements sont tentés de faire de la surenchère pour attirer ces entreprises. Les pays font tout pour se trouver en bonne place dans les classements mondiaux utilisés par les entreprises, et les taux d'imposition sont un facteur essentiel, aux côtés des critères qualitatifs. Lorsque les multinationales se présentent avec de tels projets dans leurs cartons, les décideurs politiques mettent les petits plats dans les grands et les patrons sont accueillis comme des chefs d'État. Ils se voient offrir toutes sortes d'avantages sous forme de subsides, de terrains gratuits ou de facilités pour l'obtention des permis d'exploitation.

On peut s'étonner que les États-Unis ne soient pas en tête des pays les plus fiscalement intéressants pour les entreprises, une situation qui a radicalement changé sous le président Donald Trump. Historiquement, les États-Unis appliquaient un des taux d'imposition les plus élevés. Il faut dire que le pays a joué un rôle de second plan dans ces *beauty contests*, les entreprises américaines étant davantage celles qui s'installaient à l'étranger et mettaient les pays en concurrence pour obtenir les meilleures conditions.

D'autres pays et régions ont joué un rôle moteur dans la baisse de l'impôt des sociétés. Le développement de l'UE fut notamment un facteur déterminant, car il a poussé les États membres à se faire une concurrence fiscale dans le but d'attirer chez eux les entreprises installées dans les autres pays membres de l'Union.

Suite à ces *beauty contests* internationaux, **un fossé s'est progressivement creusé entre les impôts payés par les grandes entreprises et les impôts payés par les plus petites entreprises.** Ces dernières participent rarement à ces compétitions et ne doivent donc pas être séduites par des avantages fiscaux. Notons également que les pays ont toujours préféré réduire l'impôt des sociétés plutôt que l'impôt des personnes physiques (*voir fig. 18*), une tendance qui s'est encore accélérée depuis la crise financière.

Après 2008, les pouvoirs publics ont dû faire face à une hausse de leurs déficits budgétaires et au ralentissement de l'économie. Ils ont alors choisi de privilégier les entreprises dans le but de les attirer, tandis que les contribuables voyaient leurs impôts augmenter.

LES ENTREPRISES PAIENT MOINS D'IMPÔTS QUE LES CITOYENS

FIG. 18 Impôts réellement payés par les entreprises et les personnes physiques
Source : KPMG.

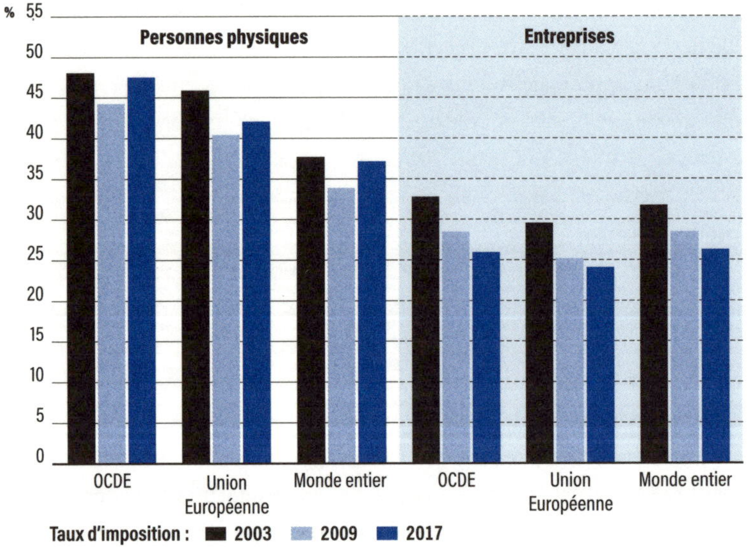

LES ENTREPRISES SONT PEU TAXÉES ET LEURS IMPÔTS NE CESSENT DE BAISSER DEPUIS LA CRISE DE 2008

Les grandes entreprises paient nettement moins d'impôts que les petites sociétés locales.[12] Malgré tout, peu de mesures sont prises pour mettre fin à cette injustice. L'explication est simple : les multinationales entretiennent des relations beaucoup plus étroites avec les décideurs politiques (*voir ci-après*).

L'Europe compte aujourd'hui (avant le Brexit) près de 31 000 eurocrates alors que l'on dénombre 30 000 lobbyistes à Bruxelles, la capitale de l'Europe. Washington compte officiellement 12 000 lobbyistes, même si les chercheurs estiment qu'ils sont 90 000, sans compter le personnel de soutien.[13] Cela signifie que, pour chaque politicien, on compte plusieurs lobbyistes, aussi bien en Europe qu'aux États-Unis, et que chaque fonctionnaire peut en principe être talonné par un lobbyiste.

Le lobby des petites entreprises a évidemment beaucoup moins de poids, que l'on soit à Washington ou à Bruxelles, car elles n'ont ni les moyens ni les relais au sein du monde politique pour plaider leur cause et peser sur les décisions. Il y a peu de chances que vous rencontriez un patron de PME au Forum Economique Mondial à Davos (*cf. ci après*) ou à d'autres conférences internationales. Ou que leur patron se voie proposer un poste dans les organes de gestion d'une banque centrale ou d'une institution internationale. L'optimisation fiscale entre les pays est aussi une spécialité que les multinationales ne se privent pas d'utiliser en faisant appel à des armées d'experts maison et de consultants fiscaux externes.

Non seulement les plus grandes entreprises mondiales ne paient pas les taux d'imposition normalement dus, mais elles déclarent payer des montants supérieurs à ce qu'elles déboursent réellement (*cf. fig. 19*). Dans certains pays comme l'Irlande, elles détiennent des réserves non taxées qui pourront être utilisées à d'autres fins (acquisitions, rachats d'actions propres, etc.).

La réduction de l'impôt des sociétés a un impact considérable sur le gigantisme. Elle diminue le coût du capital des grandes entreprises, qui disposent ainsi de plus de moyens, par exemple pour investir, racheter d'autres sociétés ou augmenter les salaires de leurs collaborateurs.

En d'autres termes, il devient évident que les grandes entreprises reçoivent de tous côtés des « hormones de croissance », qui leur donnent un vrai coup de fouet et enclenchent une spirale positive. Les multinationales deviennent plus grandes et bénéficient d'avantages concurrentiels dont les plus petites entreprises ne peuvent que rêver.

LES GRANDES ENTREPRISES PAIENT MOINS D'IMPÔTS QUE CE QU'ELLES PRÉTENDENT

FIG. 19 Taux d'imposition des plus grandes entreprises au monde

Source : Calculs d'UBS et du *Financial Times* sur base des chiffres de 2017.

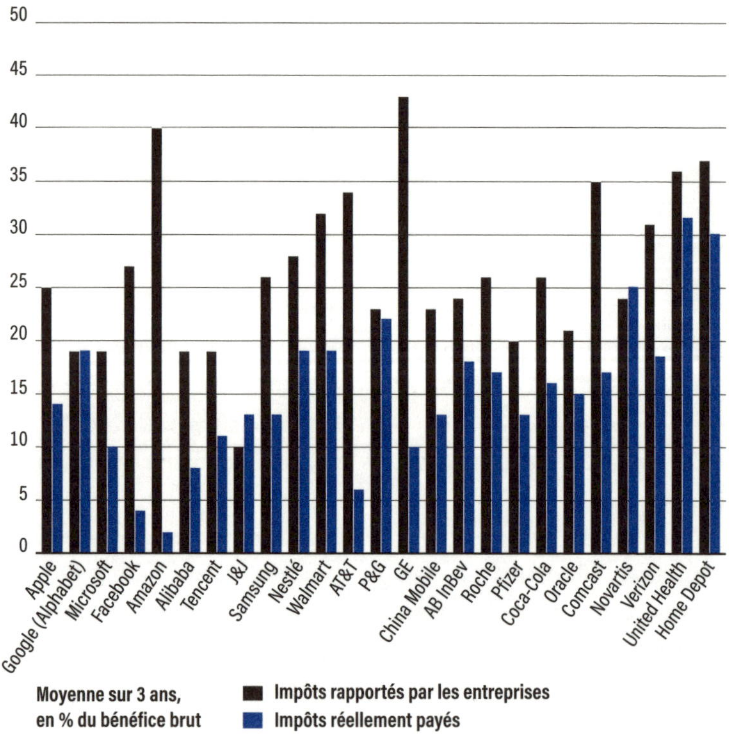

LES RÉGULATEURS, AMIS DES GRANDES ENTREPRISES

Qu'ils le veuillent ou non, les pouvoirs publics favorisent les grandes entreprises et les poussent à devenir encore plus grandes. Par exemple, les réglementations sont quasiment écrites sur mesure pour les multinationales capables de s'adapter à ces règles complexes, ce qui n'est pas évident pour les petites entreprises. **La complexité est un énorme encouragement à grandir** et les gouvernements sont passés maîtres dans l'art de complexifier les réglementations.

Les subsides sont une autre forme d'hormone de croissance pour les grandes entreprises, qui peuvent se permettre de recruter des « subsidiologues », des spécialistes qui connaissent toutes les ficelles du système (les informations ne sont pas suffisamment diffusées auprès des PME) et qui lancent systématiquement les procédures pour obtenir ces subsides.

Les pouvoirs publics sont une source inépuisable de nouvelles règles tellement complexes qu'elles obligent les entreprises à créer des fonctions de contrôle pour en garantir le respect. Ces fonctions de *compliance* (conformité) représentent une charge énorme pour les petites entreprises, alors que les multinationales n'ont aucun mal à les intégrer au sein de leur structure. Résultat : les grandes entreprises ont moins de difficulté à s'adapter aux nouvelles réglementations. Elles ont d'ailleurs compris que ces règles représentaient une barrière pour les concurrents et protégeaient leur position.

PLATEFORMES TECHNOLOGIQUES

Aujourd'hui, les plus grandes entreprises au monde sont des géants technologiques. Les plus connus sont Apple, Amazon, Google et Facebook, mais ils ont leurs équivalents chinois comme Alibaba, Tencent et Ctrip.

Par ailleurs, on peut dire qu'à l'heure actuelle, les plus grandes entreprises sont généralement des *sociétés plateformes*, où les utilisateurs peuvent facilement acheter ou utiliser des produits et des services. Elles exploitent au maximum les avantages du gigantisme : leur croissance est dotée d'un turbo grâce aux avantages que nous avons mentionnés, combinés à l'évolution rapide de la technologie. Elles peuvent ainsi attirer les clients et asservir d'autres entreprises.

Booking.com s'adjuge par exemple une marge de 10 % à 25 % sur chaque réservation d'hôtel. Cette commission peut même atteindre 60 % si l'hôtel en question souhaite se retrouver tout en haut de la liste. Étant donné que les moteurs de recherche renvoient les touristes vers une même plate-forme, la recherche d'une destination de vacances se fait presque automatiquement via ces types d'entreprises, qui perçoivent une commission sur le tourisme mondial. La technologie permet ainsi de contrôler facilement des activités mondiales autrefois beaucoup plus fragmentées.

Vu que ces sociétés plates-formes sont organisées au niveau international, il n'est pas toujours évident de savoir si elles paient les mêmes impôts locaux. Airbnb, Uber, Amazon et LinkedIn – pour n'en citer que quelques-unes – sont devenues des portails d'activités locales, mais elles perçoivent des commissions qui disparaissent à l'étranger. Elles sont devenues des géants sur des marchés autrefois occupés par des entreprises de taille « normale ».

CRONY CAPITALISM

En plus des réglementations, les pouvoirs publics utilisent d'autres stimuli pour pousser les entreprises à grandir. Aux États-Unis par exemple, les candidats à la présidence sont financés par les grandes entreprises. Les pouvoirs publics préfèrent eux aussi collaborer avec les grandes entreprises pour leurs propres projets. Le parc informatique de l'État n'est pas géré ou développé par des PME locales, mais, par exemple, par Siemens, IBM, Oracle ou SAP.

Les petites entreprises ne peuvent par définition pas se qualifier, car elles ne pourront jamais répondre au cahier des charges, rédigé sur mesure pour les multinationales.

Par ailleurs, les pouvoirs publics sont connus pour être de mauvais payeurs, ce qui représente un autre obstacle pour les petites entreprises. ***Big government prefers big corporations.***

En plus de cette préférence pour les grandes entreprises, il faut prendre en compte le *crony capitalism* (ou capitalisme de copinage), qui représente un vrai problème pour l'économie. Le capitalisme de copinage pervertit le capitalisme. La distance entre les entreprises et les pouvoirs publics s'est nettement réduite et la réussite des entreprises dépend désormais en grande partie des relations qu'elles entretiennent avec le monde politique.

Cette interdépendance entre les grandes entreprises et le monde politique est d'ailleurs visible à plusieurs niveaux. Ainsi, après leur carrière, de nombreux politiciens sont recrutés par de grands groupes financiers comme Goldman Sachs, des sociétés de services aux collectivités comme Engie, ou d'autres entreprises ayant besoin d'entretenir de bonnes relations avec les décideurs. Cette porte tournante tourne dans les deux sens, car de nombreuses fonctions importantes au sein d'institutions proches du pouvoir sont confiées à des personnes issues de ces mêmes entreprises.

Il est par ailleurs très difficile de trancher sur l'utilité ou la nocivité de conférences au sommet comme le Forum Economique Mondial de Davos ou la conférence Bilderberg. D'une part, ces rencontres sont très utiles pour faire émerger de nouvelles idées ou nouer des contacts, mais d'autre part, elles constituent un biotope idéal pour le capitalisme de copinage. Les PME n'ont ni les moyens (un billet d'entrée coûte entre des dizaines et des centaines de milliers d'euros, avec une gradation dans le type de rencontres en fonction du budget investi) ni même la possibilité de participer (Bilderberg et de nombreuses autres conférences sont uniquement accessibles sur invitation).

Les relations entre le monde politique et celui des affaires sont de ce fait biaisées. Nos décideurs politiques n'entendent que la voix des grandes entreprises et alignent *leurs* intérêts sur *les* intérêts économiques. Cette attitude est non seulement distillée dans de nombreuses réglementations, mais aussi via les références systématiques aux grandes entreprises et la formation de réseaux. Les PME sont rarement invitées à prendre le café chez un ministre ou un président, sauf si leur croissance est spectaculaire et qu'elles ont des chances de faire un jour partie du club des grandes entreprises.

CE QUI EST GRAND CRÉE UNE IMPRESSION DE SÉCURITÉ

La plupart des grandes entreprises que nous avons citées dépendent de facteurs macro-économiques et de décisions politiques. Mais l'être humain a lui aussi tendance à choisir la sécurité : la plupart des citoyens se sentent davantage en sécurité avec de grandes entreprises. Ils pensent que les choses se passeront mieux et que la qualité sera davantage conforme aux normes. Et qu'en cas d'incident, l'entreprise pourra assumer et résoudre les problèmes. Les grandes entreprises ont en effet la réputation d'être plus solides. Et c'est en partie vrai : elles sont plus diversifiées, ont souvent une plus longue histoire et peuvent s'appuyer sur des structures ayant déjà fait leurs preuves. Il existe donc de bons arguments pour préférer les grandes sociétés. De même, les gens se sentent plus en sécurité sur un grand navire – même si le Titanic a fait naufrage – ou à bord d'un avion gros porteur. Les grandes entreprises donnent peut-être l'impression d'être plus distantes, mais cet argument ne pèse pas lourd lorsqu'il s'agit de choisir des biens de grande consommation ou des services de base.

Les petites entreprises doivent donc développer d'autres atouts - qualité, services ou produits de niche, spécialisation ou prix - pour convaincre les clients. Même après la crise financière, les petites banques n'ont pas réussi à convaincre beaucoup de clients de quitter les grandes institutions financières. Ils ont compris que les pouvoirs publics étaient plus facilement disposés à sauver les grandes banques que les petites (*cf. ci-après*).

On constate le même phénomène lorsque de grosses entreprises sont en difficulté, par exemple dans le secteur sidérurgique il y a quelques années, ou l'industrie automobile dans un passé plus récent. Les pouvoirs publics se coupent en quatre pour essayer de les aider à s'en sortir, proposant toutes sortes d'avantages, de subsides ou de baisses de charges. **Lorsqu'une grande entreprise met la clé sous le paillasson, la nouvelle fait la une des journaux, mais personne ne parle des milliers d'emplois qui disparaissent dans les petites entreprises.**

Comme nous l'avons souligné, les petites entreprises paient des taux d'intérêt et des impôts plus élevés. Les banques les considèrent en effet comme plus risquées, pas nécessairement à cause de leur taille, mais parfois à cause de leur secteur d'activité. Par exemple, on compte davantage de petites entreprises dans les secteurs de la construction et de l'horeca, caractérisés par une volatilité élevée et une plus grande cyclicité. En dehors de ces raisons objectives, les PME sont considérées comme plus risquées parce qu'elles sont plus « jeunes », ne sont pas encadrées par une solide structure, dépendent de quelques personnes clés, sont moins diversifiées, ou parce que leur *reporting* n'est pas aussi sophistiqué que celui des grandes entreprises. Une petite entreprise doit donc davantage faire ses preuves, ce qui l'empêche de bénéficier de soutien dans les moments difficiles et rend la faillite inévitable dans certains cas.

Les petites entreprises sont donc prises dans une spirale *auto-réalisatrice* : elles finissent par être plus risquées parce que le monde extérieur n'accepte pas les mêmes risques de leur part que de leurs grandes sœurs.

Cette situation se répercute également sur le recrutement de talents : les candidats considèrent les emplois dans les grandes entreprises comme moins risqués. Et si l'on y ajoute les conditions de travail – souvent plus avantageuses dans les grands groupes –, on arrive une fois de plus à une situation de concurrence déloyale.

MESURES INSUFFISANTES CONTRE LES CARTELS MONDIAUX

Les lois destinées à stimuler la concurrence ne sont pas une invention des temps modernes. Des lois antitrust existaient déjà à l'époque romaine. Les Romains savaient que la concurrence jouait un rôle crucial si l'on voulait par exemple maintenir les prix de produits alimentaires et agricoles à des niveaux acceptables. Les monopoles et les cartels sont connus pour leurs prix exagérément élevés et les pénuries organisées. En 301, Dioclétien (244-311 P.C.) avait déjà promulgué une loi condamnant à mort quiconque tentait de manipuler les prix.

On retrouve des lois antitrust dans toute l'histoire occidentale. Aux États-Unis, le Sherman Antitrust Act de 1890 a tenté de freiner le développement de grands conglomérats qui se mettaient d'accord sur les prix. Il interdisait également les monopoles.

Depuis sa création, l'UE mène aussi une politique anti cartels et anti monopoles. L'Article 85 du Traité de la Communauté Européenne interdit toute entente sur les prix et l'Article 86 porte sur les monopoles. Le problème se situe plutôt dans le non-respect de la loi. Qu'il s'agisse des États-Unis ou de l'Europe, les lois antitrust sont aujourd'hui inopérantes. Alors que dans le passé, de grandes entreprises actives dans d'importants secteurs ont été démantelées à cause de leur position dominante, cela n'est plus arrivé au cours des dernières décennies, malgré plusieurs tentatives.

Au début du XXe siècle, la Standard Oil Company de John D. Rockefeller était une des entreprises les plus puissantes des États-Unis et Rockefeller était l'homme le plus riche du pays. Malgré tout, son entreprise a dû être démantelée en 1911 suite à une décision de justice estimant que la Standard Oil Company occupait une position de monopole. La société a été scindée en 34 entités plus petites, dont Exxon Mobil et Chevron, qui sont encore des marques connues aujourd'hui.

Un autre exemple célèbre concerne la scission de la très puissante société de téléphonie Bell Company. En 1982, ce géant – qui s'appelait alors AT&T – a été scindé en sept petites *Baby Bell* régionales. Verizon Communications a suivi le même chemin.

En 1999, Microsoft s'est elle aussi retrouvée dans le collimateur du Sherman Act et a été attaquée en justice. La plainte portait sur le monopole détenu par l'entreprise sur le marché des ordinateurs personnels et des systèmes d'exploitation et sur la combinaison d'un système d'exploitation avec un moteur de recherche (Internet Explorer). **Dans un premier jugement, le tribunal a en effet reconnu Microsoft coupable de situation monopolistique. Le juge a obligé l'entreprise à se scinder en deux parties : une branche serait dédiée aux systèmes d'exploitation, et une autre aux logiciels.** Microsoft a interjeté appel et, en 2001, le jugement a été fortement adouci : Microsoft n'a eu qu'à promettre qu'elle proposerait d'autres logiciels aux côtés de Word, Excel et PowerPoint sur les plateformes Windows. Même si c'est théoriquement possible, il est clair aujourd'hui que cette situation de monopole n'a pas changé et qu'aucun nouvel acteur n'a réussi à s'imposer ni à innover dans ce secteur.

Le cas Microsoft a été un tournant pour la loi antitrust. Si la société Microsoft avait été scindée, la situation serait très différente aujourd'hui pour les autres géants technologiques. Ce fut peut-être un jour de chance pour Microsoft. Lors du premier jugement, le secteur technologique était en plein essor et on parlait même de bulle technologique. Mais lorsque Microsoft a fait appel, la bulle technologique était en train d'éclater et l'économie américaine était tombée en récession – un marasme aggravé par les attentats terroristes du 11 septembre 2001 contre les tours jumelles du World Trade Center à New York et le Pentagone à Washington. Peut-être la justice n'a-t-elle pas voulu ajouter du chaos au chaos ? Ou peut-être les Américains ont-ils tout simplement voulu consolider leur position dominante dans le secteur technologique ?

D'autres situent ce point de rupture beaucoup plus tôt, c'est-à-dire dans les années 1980. Le spécialiste et chercheur en droit Robert Bork est devenu célèbre en 1987, lorsqu'après une longue campagne de diffamation, une majorité de sénateurs américains l'ont empêché de siéger à la Cour Suprême des États-Unis. Il était pourtant un éminent juriste et bénéficiait du soutien du président Ronald Reagan. Mais, affaibli par le scandale de l'Iran-Contragate, Reagan n'a pas eu le courage de résister.

Quelques années plus tôt, Bork avait eu une grande influence sur les accords antitrust : il était un détracteur des jugements trop sévères contre les cartels, qui selon lui protégeaient exagérément les petits entrepreneurs et étaient dommageables pour les consommateurs, car ils poussaient les prix à la hausse. En d'autres termes : il était d'avis que les grandes entreprises étaient plus efficaces, ce qui permettait aux consommateurs de profiter de prix plus bas et d'améliorer ainsi leur niveau de vie. Ce dernier argument est devenu la nouvelle référence pour évaluer s'il fallait bloquer ou autoriser une fusion ou une acquisition.

Ce fut le début d'une grande vague d'acquisitions et d'une nette réduction du nombre de décisions interdisant ces fusions de la part du ministère de la Justice américain et de la Federal Trade Commission.

Alors que, dans les premières années du capitalisme, on voyait régulièrement des grandes entreprises scindées en plusieurs entités concurrentes, ce n'est plus arrivé au cours des dernières décennies, même si des oligopoles et même des monopoles se sont formés dans les secteurs des nouvelles technologies. Cette situation fait augmenter les prix des produits, des services et les bénéfices de ces entreprises, mais freine également l'innovation chez ces nouveaux grands acteurs.

En avril 2018, le Sénat américain a mis Mark Zuckerberg, CEO de Facebook, sur le gril pour toutes sortes de pratiques de son réseau social. Les questions étaient plutôt anodines et ont surtout montré que les vieux sénateurs ne connaissaient pas grand-chose aux nouvelles technologies. Malgré tout, le patron de Facebook a dû avoir chaud au moment où le sénateur Lindsey Graham lui a demandé de citer le nom d'un de ses concurrents et qu'il n'a pas été capable de répondre. Malgré tout, Zuckerberg n'a pas dû répondre à la question de savoir si Facebook n'était pas un monopole tombant sous le coup du *Sherman Act*. Graham lui a simplement demandé si Facebook bénéficiait d'une situation de monopole. Zuckerberg s'en est sorti en répondant en souriant : « *It certainly doesn't feel like that to me* ».

Étant donné la puissance des lobbies des grandes entreprises, le *Sherman Act* – et par extension toutes les lois antitrust – s'est considérablement affaibli aux États-Unis. La mondialisation y joue aussi un rôle : le marché de référence des entreprises étant de moins en moins leur marché domestique, les organismes de contrôle nationaux hésitent à affaiblir leurs champions, car cela réduirait leur force de frappe internationale et permettrait aux firmes étrangères de les concurrencer sur leur propre marché.

Jusqu'à tout récemment, l'Europe disposait de lois antitrust que l'on peut qualifier de modérées, même si elles étaient plus strictes qu'aux États-Unis (*cf. fig.* 20).[14] Les champions nationaux étaient aussi plus petits que leurs homologues américains, vu que leur croissance fut plus lente en Europe et dans la zone euro que de l'autre côté de l'Atlantique. Les lois antitrust nationales ont aussi empêché certaines sociétés de se développer, ce qui les a transformées en proies faciles pour les champions américains ou les leaders des grands pays européens. Récemment, la Chine a entamé une impressionnante campagne d'acquisitions en Europe, cherchant à acheter de petits champions nationaux, comme la marque automobile suédoise Volvo ou l'avionneur autrichien Diamond Aircraft Industries. La liste d'achats des Chinois comprend également des sociétés de services aux collectivités et des institutions financières.

Il est inutile de chercher un tribunal mondial antitrust. Même si l'économie est globalisée, les institutions de tutelle internationales n'ont pas suivi le mouvement. Ou elles sont gérées par des personnalités ayant travaillé pour des multinationales, ce qui les rend quasi impuissantes.

Le plus grand arbre au monde est le séquoia. On le trouve entre autres sur la côte ouest des États-Unis. Cet arbre géant doit sa taille et sa croissance à des circonstances favorables, dont le climat. Un ensoleillement généreux, combiné à un taux d'humidité idéal en provenance de l'Océan Pacifique, constitue une forme d'hormone de croissance permanente. Mais les scientifiques pointent un autre phénomène tout aussi important, sans lequel le séquoia serait un arbre comme les autres : l'absence totale

L'EUROPE SE BAT PLUS FAROUCHEMENT CONTRE LES CARTELS QUE LES ÉTATS-UNIS

FIG. 20 Amendes pour avoir participé à un cartel - États-Unis vs. Europe
Source : Philippon et Gutiérrez (2018).

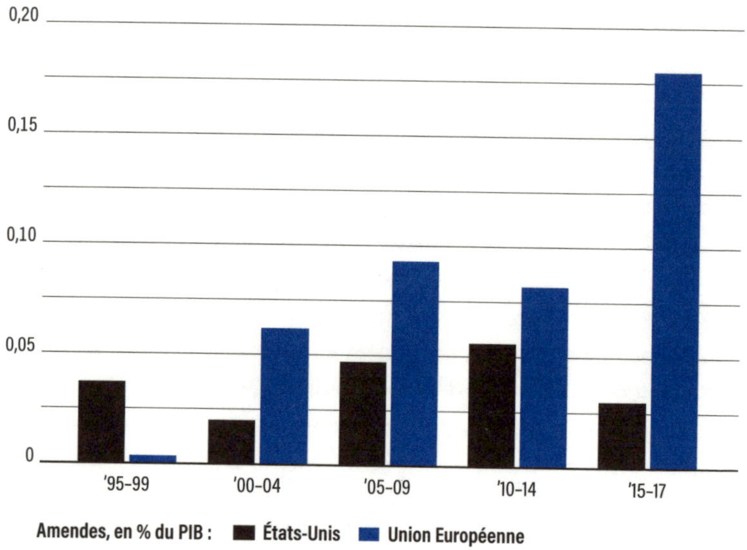

de concurrents. Les séquoias partagent cette caractéristique avec les baleines, les requins, les éléphants, les dinosaures et même les tarentules. Ils sont peu nombreux sur leur territoire, ce qui augmente leurs chances de devenir des géants.

TOO BIG TO FAIL

Si une grande entreprise se retrouve malgré tout en difficulté, elle dispose d'un joker : la carte du *too big to fail*. Ce concept a surtout été utilisé pendant la crise financière, alors que les grandes banques tombaient comme des mouches. Elles ont été sauvées, certaines comme ING, KBC et Dexia avec tambours et trompettes, d'autres via des programmes discrets de rachat de leurs titres toxiques aux États-Unis et en Europe par leurs banques centrales respectives. Les grandes banques ne peuvent tout simplement pas faire faillite, « car elles entraîneraient tout le système dans leur sillage ».

Cette idée n'est pas seulement une exagération grotesque (il aurait mieux valu que certaines banques fassent faillite et soient scindées en plusieurs banques plus petites et plus saines), elle crée aussi un cercle vicieux, car elle encourage les grands acteurs financiers à devenir suffisamment importants pour être considérés comme *too big to fail*. On constate par ailleurs que d'autres entreprises essaient d'obtenir le même statut dans d'autres secteurs. Les constructeurs automobiles font valoir leur importance en matière d'emplois, les sociétés de télécoms se disent stratégiques pour les systèmes de communication, certaines entreprises iconiques mettent en avant leur rôle dans l'image du pays, etc.

Ce concept *too big to fail* est néfaste pour la régénération de l'économie, car il empêche les secteurs et les activités de se transformer et permet aux acteurs en place de jouir d'une forme d'immortalité.

Après 2008, de nombreuses institutions financières considérées comme *too big to fail* sont simplement restées telles quelles. Pratiquement aucune mesure n'a été prise pour réduire leur taille, ne fût-ce qu'à titre préventif ou – encore mieux – pour accroître la concurrence. Seuls les acteurs de petits pays – comme la Belgique, les Pays-Bas, l'Irlande ou l'Islande – ont vu leur taille clairement réduite. Comme si les petits pays ne pouvaient avoir que de petites banques, alignées sur la taille de leur marché domestique.

BIG DATA

Autre nouvel atout pour stimuler la croissance des grandes entreprises : les énormes quantités de données qu'elles possèdent sur leurs clients, leur comportement d'achat, leur historique de consommation et leurs domaines d'intérêt avérés ou potentiels. Ces *big data* leur garantissent un avantage stratégique par rapport aux petites entreprises et aux nouveaux arrivants, qui ne possèdent pas ces informations ou doivent encore les collecter. De plus, les petits acteurs ne disposent pas de l'infrastructure et des moyens pour analyser ces montagnes de données.

Certaines initiatives visant à rendre ces informations publiques (appelées « *open source* ») ont échoué par manque de motivation économique à partager ces données. Le *big data* se heurte cependant aux limites de la loi sur le respect de la vie privée. Ces règles sont très strictes en Europe, ce qui empêche les grands propriétaires de données – comme les institutions financières – de les exploiter à l'envi. Mais ce n'est qu'une question de temps pour qu'ils utilisent ces *big data* dans le cadre légal, pour résister par exemple à l'arrivée des géants des réseaux sociaux dans leur secteur.

DÉMOGRAPHIE GALOPANTE

Pendant très longtemps, la population mondiale a oscillé aux alentours de 1 milliard d'individus. La croissance exponentielle qu'elle a connue ces 40 dernières années indique que nous partagerons bientôt la planète avec 10 milliards d'âmes. Et il va sans dire qu'une planète qui compte aujourd'hui de 7 à 8 milliards d'humains ne se gère pas comme une planète qui n'en compte que 1 milliard.

Cette croissance démographique met la Terre sous pression, en particulier si de nombreux habitants souhaitent adopter un mode de vie comparable à celui du monde occidental. Les pouvoirs publics comptent sur les grandes entreprises pour mettre tous ces produits et services à la disposition de toute la population. Mais les entreprises privées ne sont pas les seules à être encouragées à grandir : les autres organisations suivent le même chemin. Il suffit de penser aux organisations non gouvernementales (ONG) qui sont davantage organisées comme des multinationales géantes. En marge de leurs activités traditionnelles, elles investissent également dans le lobbying, adoptant des comportements proches de ceux des multinationales, qu'elles ne se privent par ailleurs pas de critiquer. Plus les ONG grandissent, plus les dérapages sont nombreux, comme nous l'avons constaté à plusieurs reprises dans un passé récent.

La démographie est un des principaux carburants du gigantisme et des phénomènes associés, comme les mégapoles (*cf. ci-après*). La démographie galopante que connaissent plusieurs continents (comme l'Afrique) créera d'énormes défis. Singapour est aujourd'hui en train d'agrandir ses infrastructures portuaires afin de faciliter le commerce entre l'Afrique et la Chine au cours des 50 prochaines années. Est-ce se montrer visionnaire ? Peut-être suffit-il de jeter un regard sur les prévisions démographiques pour se convaincre du bien-fondé de la stratégie des autorités singapouriennes.

LES NOUVEAUX GÉANTS DE LA MER

FIG. 21 **Immense porte-conteneurs**

Il y a 100 ans, l'Afrique comptait moins d'habitants que l'Europe. À la fin du siècle, elle sera huit fois plus peuplée que le Vieux Continent et, avec ses 4 milliards d'habitants, elle devrait se rapprocher de l'Asie, le continent le plus peuplé.

Une hausse de la population exige que l'on agrandisse les ports. Les grands ports collaborent avec d'autres grands ports et poussent à la construction de plus grands navires (*cf. fig. 21*). Les grands navires sont construits dans des chantiers navals gigantesques et exigent des moteurs à l'avenant. Ces énormes moteurs particulièrement complexes ne fonctionnent qu'avec des puissances élevées que seules les grandes entreprises maîtrisent. De grands ports, de grands aéroports, de grands avions et de grandes organisations. Le gigantisme est omniprésent, mais nous ne comprenons pas suffisamment les liens et les motivations qui alimentent ce processus, pour en arriver aux dimensions hors normes que nous voyons partout aujourd'hui.

BUDGETS PUBLICITAIRES

Les petites entreprises n'intéressent pas grand monde, même si leurs produits et services sont de meilleure qualité que ceux d'une grande entreprise. Ce désamour est la conséquence de la publicité et de l'utilisation par les grandes marques de nombreux médias pour attirer l'attention des consommateurs et les fidéliser. Un budget publicitaire important peut procurer à un produit médiocre un avantage concurrentiel à long terme par rapport à un produit de meilleure qualité proposé par une plus petite entreprise. Mon boulanger fabrique de fantastiques biscuits au beurre qui sont probablement bien meilleurs que de nombreux biscuits fabriqués par des multinationales américaines comme Kellogg's ou Mondelēz. Mais même si mon boulanger souhaite faire connaître ses biscuits, il ne pourra jamais disposer des moyens financiers nécessaires pour les promouvoir au niveau mondial.

Cet exemple est peut-être extrême, mais il met clairement en évidence le fait que la publicité est devenue un déclencheur important de gigantisme dans de nombreux secteurs. Lors de grands évènements comme les Jeux Olympiques, la Superbowl (finale du championnat de football américain) ou la Coupe du monde de football de la FIFA, les géants sont omniprésents pour essayer de renforcer encore leur position de leader du marché. Résultat : les consommateurs n'ont souvent le choix qu'entre des produits de géants (*cf. ci-après*). En lançant d'intenses campagnes de publicité, ces entreprises poussent les consommateurs à suivre leur instinct : choisir des produits qu'ils connaissent, dont ils ont souvent entendu parler, et à qui ils font confiance. Une fois de plus, ce sont les grandes entreprises qui en profitent. Les consommateurs sont inondés de messages les poussant à considérer les petits producteurs locaux comme étant inférieurs aux grandes marques auréolées d'une image embellie par les spécialistes du marketing.

CONCLUSION

LES HORMONES DE CROISSANCE ET LA DOCTRINE *TOO BIG TO FAIL* GÉNÈRENT LE GIGANTISME

Les grandes entreprises ont toujours existé. En soi, ce n'est pas un problème. Mais ce qui est typique de la période actuelle, c'est que les entreprises prennent des proportions tellement énormes qu'elles finissent par dominer les activités, les secteurs et l'économie mondiale, dont elles définissent les contours. Les pouvoirs publics ont peu de prise sur ces géants, d'une part parce qu'ils ne contrôlent plus les entreprises internationales suite à la mondialisation, et d'autre part parce que ces entreprises sont devenues un « État dans l'État ». Elles sont tellement bien organisées qu'elles sont en mesure d'exploiter les points faibles des gouvernements et ne se privent pas de mettre les pays en concurrence. De plus, elles disposent des moyens pour se rapprocher des décideurs politiques et quasiment les prendre par la main pour leur dicter les nouvelles règles.

Plusieurs facteurs expliquent pourquoi les entreprises ont grandi à ce point au cours des dernières décennies. Les grandes entreprises bénéficient d'avantages tellement disproportionnés par rapport aux PME qu'il est devenu capital pour chacune d'elles, soit de grandir pour faire partie du petit club des géants, soit de se concentrer sur un marché local ou dans une niche. Mais même cette dernière stratégie est devenue difficile à mettre en œuvre, car les entreprises plates-formes soumettent les petits acteurs à une forme de *colonisation économique*. Les petites sociétés qui souhaitent augmenter leur chiffre d'affaires n'ont souvent d'autre choix que de passer par ces plates-formes et de leur payer une commission. Booking.com, Airbnb, Apple App Store, Facebook, Google, et de plus en plus souvent aussi leurs homologues chinois Alibaba, Ctrip ou Tencent sont présents sur des marchés locaux et dans des niches en tant que facilitateurs ou intermédiaires.

Il ne faut pas nier l'apport important des grandes entreprises à notre économie moderne. Elles sont devenues dominantes grâce à leur niveau d'excellence, certes, mais aussi grâce aux circonstances, aux réglementations et aux politiques qui les ont – peut-être involontairement – favorisées.

Les conséquences du gigantisme se font sentir partout dans le monde. Chacun en est conscient, ne fût-ce qu'intuitivement. C'est pourquoi nous allons en détailler les conséquences dans le chapitre suivant. Nous utiliserons la métaphore du sport, en particulier du football, avec la Champions League, la compétition qui oppose les plus grands clubs européens. Le « phénomène » Champions League a entretemps contaminé d'autres secteurs et activités, avec des conséquences économiques et sociales considérables.

CHAPITRE 3

L'EFFET « CHAMPIONS LEAGUE »

DE QUOI S'AGIT-IL ?

Quel est le point commun entre les clubs de Malmö, Bruges, Glasgow et Porto ? Leurs clubs de football respectifs ont tous joué la finale de la Coupe d'Europe des Champions dans les années 1970 et 1980. Peut-être ne s'en souvient-on plus, mais les équipes originaires de petits pays – et donc de petites compétitions – s'en sortaient assez bien. Ajax et Anderlecht, de même que Vienne, Göteborg, Aberdeen et Malines étaient des adversaires redoutables susceptibles de remporter une finale européenne.

Même s'il arrive encore à certains de ces clubs de réaliser un coup d'éclat, ils ne font plus partie des meilleures équipes des compétitions européennes de football. Auparavant, les petits pays jouaient pour le titre et, même si les grands pays remportaient plus de victoires, les petits clubs avaient toutes leurs chances. Beveren a réussi à sortir l'Inter Milan, Waterschei à battre Paris Saint-Germain et Winterslag a réussi à éliminer Arsenal. De nombreux clubs néerlandais, écossais, irlandais, norvégiens, autrichiens et suédois terminaient souvent en haut du classement.

Le classement des pays sur base des résultats des clubs en témoigne. Depuis la création de l'Union des associations européennes de football (UEFA) et jusqu'au début des années 1990, de petits pays comme la Hongrie, l'Ecosse, la Belgique et les Pays-Bas se retrouvaient régulièrement dans le top européen.

Les choses ont changé suite à la refonte de la compétition au début des années 1990. La Champions League a vu le jour en 1992. Depuis lors – en d'autres termes depuis près de 30 ans –, quelques grandes nations footballistiques dominent la compétition et les petits pays sont quasi systématiquement mis hors jeu. L'Allemagne, l'Italie, l'Angleterre et l'Espagne se retrouvent constamment au sommet du classement, seul l'ordre change.

Cette situation n'est pas le fruit du hasard, mais la conséquence des règles de la Champions League, qui empêchent les petits clubs et les petits pays de se hisser au sommet. **Ces règles portent en grande partie sur la façon de redistribuer les budgets. Comme les clubs qui ne participent**

L'EFFET CHAMPIONS LEAGUE : LES PETITS PAYS N'ARRIVENT PLUS À SE QUALIFIER

FIG. 22 L'effet Champions League
Source : calculs propres (banque de données de Bert Kassies).

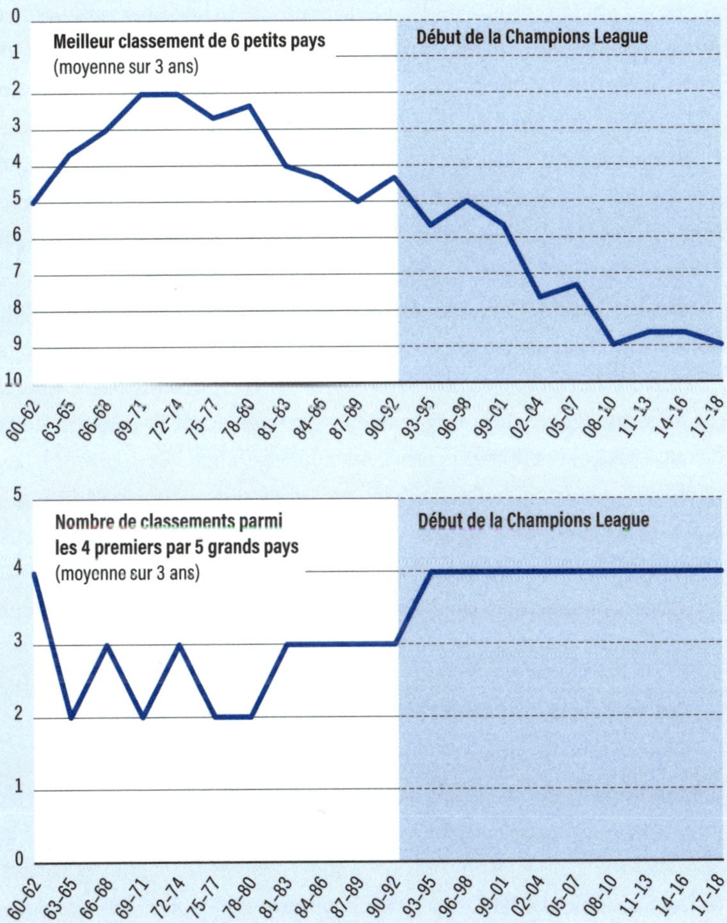

LES PETITS PAYS N'ACCÈDENT PLUS AU TOP.
LES GRANDS PAYS OCCUPENT EN PERMANENCE
LES 4 PREMIÈRES PLACES DU CLASSEMENT.

pas ou les clubs perdants passent à côté de sommes gigantesques, le fossé par rapport aux grands clubs - qui participent régulièrement au « bal des milliards » - ne fait que se creuser. Et cet effet se renforce année après année. Les gagnants de l'année précédente ont reçu davantage de moyens et ont pu acheter de meilleurs joueurs, parfois même chez leurs concurrents directs. Leurs chances de gagner augmentent donc encore. Chaque année qui passe renforce les gagnants et creuse le fossé par rapport aux rivaux potentiels. La Champions League paie 30 millions d'euros aux clubs qui se hissent parmi les 12 meilleurs, un montant qui vient s'ajouter aux sommes perçues lors des tours préliminaires. Une équipe comme le FC Barcelona peut ainsi récolter 80 millions d'euros alors qu'un club qui n'arrive pas à se qualifier doit se contenter de 5 millions d'euros. Barcelone encaisse également 250 millions d'euros sous forme de rentrées publicitaires et dispose d'un budget annuel total de 1 milliard d'euros.

Les 24 joueurs du FC Barcelona gagnent chacun en moyenne 14 millions d'euros par an. La prime accordée aux 12 meilleures équipes de la Champions League est quasiment aussi importante que le budget annuel (90 millions d'euros) de l'Ajax, une équipe qui, avant la création de la Champions League, a concurrencé Barcelone pendant des décennies. Les meilleurs (jeunes) joueurs de l'Ajax préfèrent aujourd'hui rejoindre des clubs de la Champions League au lieu de se battre pour leur club d'Amsterdam et de tenter de le hisser au sommet.

Nous avons calculé l'effet Champions League et l'avons présenté sous forme graphique (*cf. fig.* 22).

Comment avons-nous calculé l'effet Champions League ?

Bert Kassies a établi une banque de données reprenant tous les matchs des clubs de la Coupe de l'UEFA depuis 1959, sur base de laquelle nous avons comparé les scores des grands et des petits pays pendant la période 1959–2018.[15] **Les grands pays sont l'Allemagne, la France, l'Angleterre, l'Espagne et l'Italie. Les petits pays sont les Pays-Bas, la Belgique, l'Écosse, la Hongrie, la Suède et le Portugal.** Ces derniers possèdent d'excellentes équipes nationales, une culture du football et de nombreux clubs anciens. Ce qui frappe dans ces calculs, c'est que les grands pays se sont toujours classés dans le top des clubs de football, sans pour autant dominer systématiquement les classements UEFA. Il y avait également de la place pour des équipes de plus petites compétitions, et les clubs des petits pays obtenaient régulièrement de bons résultats. Dans le classement par pays, ils terminaient en bonne place parce qu'ils disposaient de plusieurs excellentes équipes bien classées dans les compétitions internationales. Au cours de la période 1985-1990, les clubs anglais n'ont pas participé aux compétitions européennes suite à leur exclusion après les évènements dramatiques du Heysel en 1985.

Depuis la création de la Champions League en 1992, les petits pays ont régressé de manière spectaculaire dans les classements. Au même moment, les grands pays se sont retrouvés au sommet et ne l'ont plus jamais quitté. Cet exemple illustre comment quelques règles – décidées en partie sous la pression des plus grands pays – favorisent les clubs des grands pays, leur permettant de maintenir leur domination. Si les règles ne changent pas, les petits pays et leurs modestes équipes n'ont plus la moindre chance d'atteindre durablement le haut du classement.

Il arrive bien entendu qu'un miracle se produise, mais l'année suivante, les choses rentrent *dans l'ordre*. La répartition de l'argent (essentiellement les droits de retransmission télévisée, les grands annonceurs s'intéressant davantage aux gagnants qu'aux perdants) génère un scénario de type *the winner takes it all*, où seuls quelques clubs et compétitions peuvent obtenir un statut de *superstars*. La conséquence est qu'ils reçoivent chaque année, et à chaque nouvelle compétition de la Champions League, des montants supplémentaires leur permettant de consolider leur avance, le seul risque étant celui d'une mauvaise gestion. On a également constaté que les grands clubs réussissaient toujours à étouffer les « affaires », y compris en cas de malversations (dopage, matchs truqués, etc.).

Grâce à leurs gigantesques moyens financiers, ils achètent à titre préventif autant de joueurs talentueux que possible, de préférence auprès de petits clubs dans de petites ligues. Parfois, ces joueurs ne sont même pas utilisés et laissés au club vendeur. Il est stupéfiant de voir comment les grands clubs de football achètent des équipes entières uniquement pour maintenir ces joueurs à l'intérieur de leur sphère d'influence. Le fait que les autorités du football autorisent ce genre de pratique en dit long sur le flou qui entoure les normes en vigueur.

Les petits clubs vendeurs se frottent les mains parce qu'ils reçoivent des sommes importantes en échange de leurs jeunes joueurs, sans comprendre que ces transactions les empêcheront à tout jamais de rejoindre la cour des grands. Le système se perpétue ainsi année après année. Les grandes équipes ont acheté tellement de joueurs de talent que leurs équipes B pourraient facilement remporter des championnats.

Ces petites compétitions n'ont pratiquement pas d'autre choix que de se résigner ou de se lancer dans la course à la taille pour rejoindre la cour des grands. C'est aussi un des aspects essentiels de l'effet Champions League : **grandir pousse à grandir encore davantage.**

J'ai un peu caricaturé la situation dans un but de clarté. Comme de nombreuses personnes s'intéressent aux compétitions sportives, cette métaphore permet de mieux comprendre le fonctionnement de l'économie.

Cet effet est connu et documenté dans toutes les compétitions sportives de différentes disciplines. C'est notamment ce qui explique que la National Basketball Association (NBA) américaine ait pris des mesures correctives pour rééquilibrer les rapports entre les grands et les petits clubs. Par exemple, les équipes les moins bien classées peuvent choisir en premier parmi un groupe de jeunes joueurs talentueux. Par conséquent, les compétitions de la NBA restent passionnantes et les plus petites équipes peuvent se battre à armes égales contre les grandes. Hélas, ces mécanismes de correction font l'objet de manipulations de la part des directeurs sportifs, qui font volontairement perdre leur club pendant plusieurs années pour avoir l'occasion de choisir en premier parmi les jeunes talents.

Il existe de nombreuses similitudes entre l'effet Champions League et l'économie réelle. Les effets à long terme des règles de la Champions

League ne doivent pas être sous-estimés et constituent une belle métaphore pour expliquer le gigantisme. L'achat de jeunes talents auprès d'équipes potentiellement concurrentes peut se comparer aux acquisitions de petites entreprises prometteuses et/ou en croissance rapide réalisées par les grands groupes. La surenchère sur les prix de ces acquisitions constitue en soi une ligne de défense, car elle empêche les PME de participer à cette stratégie de croissance externe. Les grands sponsors soutiennent les grands clubs, comme les pouvoirs publics nationaux et les grands clients préfèrent collaborer avec les grandes entreprises. Cette tactique représente un nouvel obstacle pour les plus petites équipes qui jouent dans de petites compétitions. Si l'on transpose cette situation au monde des affaires, on peut dire qu'Amazon fait partie de la Champions League et que l'épicier du coin et les petites chaînes de distribution font partie de la Jupiler Pro League. On peut d'ailleurs constater que les multinationales font la promotion de leurs marques A dans la Champions League et de leurs marques B dans les compétitions locales. Ces situations se perpétuent et le fossé entre les grands et les petits acteurs se creuse lors du coup d'envoi de chaque compétition. Seul un changement des règles du jeu pourrait changer les choses.

Grâce à cet effet Champions League, les grands pays ont pris une avance irrattrapable. Les droits de retransmission, les contrats de sponsoring, les abonnements de supporters, les revenus des *city-trips*,[E] tout prend des proportions énormes dans les clubs leaders comme Barcelone, Manchester ou Arsenal, à qui il arrivait souvent dans le passé de perdre face à des rivaux de petits pays, comme Ajax, Anderlecht, Porto, Celtic Glasgow ou Steaua Bucarest.

Les revenus des 20 clubs de la Premier League, la plus importante compétition de football en Angleterre, sont plus élevés que la somme des revenus des 597 clubs des 48 pays européens en dehors de l'Allemagne, de la France, de l'Espagne, de la Turquie et de la Russie. Malgré tout, on trouve

E Le FC Barcelona estime que plus de 10 000 touristes se déplacent dans la ville espagnole lors de chaque match à domicile.

dans ces compétitions des pays – comme les Pays-Bas, le Portugal, la Belgique, la Suède et l'Écosse – ayant développé autrefois de grands clubs européens. La probabilité qu'une de ces équipes sorte à nouveau du lot et puisse concurrencer les équipes des grands pays est aujourd'hui proche de zéro. Cette situation n'a rien à voir avec les talents des joueurs, l'enthousiasme des supporters, ni la volonté des gestionnaires des clubs. Elle est tout simplement la conséquence des règles des compétitions européennes.

L'effet Champions League montre clairement un lien de cause (les règles de la compétition) à effet (les grands clubs deviennent plus grands, les petits clubs deviennent plus petits). De la même manière, les règles du jeu de l'économie réelle – que nous avons décrites dans le chapitre précédent – provoquent les mêmes conséquences, qui vont bien plus loin que le simple établissement d'une ligne de démarcation entre les grandes et les petites entreprises.

L'exemple de la Champions League démontre également qu'il existe une différence entre les effets des règles après un tour et après plusieurs tours, c'est-à-dire entre le court terme et le long terme. L'objectif des réformateurs des compétitions de l'UEFA n'était bien entendu pas de rejeter les petits pays et les petits clubs dans la catégorie des nains, mais de créer une compétition passionnante, avec des joueurs de qualité et d'excellents clubs. Ce n'est qu'après trois à cinq ans que les effets collatéraux involontaires se sont manifestés et, jusqu'à présent, tout indique qu'ils ne feront que se renforcer et que le fossé continuera à se creuser.

Les grands clubs semblent vouloir créer une Super League, qui serait une compétition privée. Les 11 clubs fondateurs[F] y auraient leur place garantie pendant 20 ans. Cinq autres clubs[G] pourraient participer en tant « qu'invités ». Si ces projets aboutissent, le gigantisme sera bétonné dans le football, ce qui pourrait tuer en partie son intérêt. Les « petits » clubs familiaux et l'imprévisible (par exemple que Leicester City soit devenu

F Real Madrid, FC Barcelona, Manchester United, Bayern München, Chelsea, Arsenal, Juventus, Paris Saint-Germain, Manchester City, Liverpool et AC Milan.

G Atlético Madrid, Borussia Dortmund, Olympique de Marseille, Inter Milan et AS Roma.

champion d'Angleterre) disparaîtraient. Car l'âme – c'est-à-dire la dimension humaine du sport – se noie dans le gigantisme.

Le maintien de ces règles après plus de 25 ans de Champions League s'explique probablement par le lobbying des grands clubs et des grandes compétitions. Lorsque les choses atteignent une certaine taille, il devient difficile de les changer. Et il ne faut pas s'attendre à ce que les réformes viennent du sommet étant donné que les responsables sont nommés par les principaux bénéficiaires.

Giga-constructions

La tendance au gigantisme a aussi des conséquences sur le développement de nos villes et sur nos habitations, ainsi que sur les machines et sur notre organisation. L'effet Champions League se fait sentir partout.

Dans le transport maritime, un petit club de « giga »-ports est en train de naître. Il compte parmi ses membres Singapour, Shanghai, Busan (Corée du Sud), Dubaï, Hong Kong et Rotterdam. Ils encouragent le transport par méga porte-conteneurs, que seuls des ports en eau profonde – qu'ils sont – peuvent accueillir. Ils créent ainsi une barrière d'entrée et rétrogradent leurs concurrents au rang de ports de seconde zone.

Le même phénomène peut être observé dans l'aéronautique, où certains aéroports détiennent un statut de « hub » et deviennent d'importantes plaques tournantes du transport aérien : Atlanta, Londres, Dubaï, Chicago ou Schiphol. Les super gros porteurs comme l'Airbus 380 peuvent y atterrir et en décoller. D'autres aéroports deviennent des *spokes* ou des aéroports secondaires, qui ne peuvent plus assurer à leurs passagers des liaisons directes avec les grandes destinations, comme c'était le cas auparavant.

De cette manière, on encourage les villes à suivre le même chemin que les clubs de la Champions League : les places sont distribuées à l'avance et des barrières à l'entrée sont érigées, empêchant ainsi les nouveaux venus et les derniers arrivés de rejoindre le peloton de tête.
Les lecteurs qui font preuve d'esprit critique objecteront sans doute que cette tendance a aussi de nombreux avantages. Les grandes villes, les

énormes ports et les immenses aéroports ne sont-ils pas plus efficaces ? Les navires et les avions XL ne sont-ils pas de magnifiques machines permettant d'augmenter la productivité ? C'est indiscutable, mais il ne faut pas perdre de vue les inconvénients à long terme. L'effet Champions League nous pousse vers un seul et unique modèle, alors qu'il en existe bien d'autres.

C'est ce que je souhaite démontrer dans ce livre : si nous changeons les choses, d'autres modèles économiques pourront émerger. Ils sont peut-être moins performants à court terme ou selon certains critères, mais ils seront plus durables et plus efficaces à long terme.

On trouve un bel exemple de gigantisme dans les bâtiments. Qu'il s'agisse des complexes des grandes institutions (Union Européenne, Banque Centrale Européenne, Pentagone, siège du Parti Communiste Chinois) ou des sièges sociaux de grandes entreprises, tous souhaitent faire rayonner l'image qu'ils considèrent eux-mêmes comme tellement importante, à savoir leur pouvoir, leur prestige, leur portée... Il y en a pour tous les goûts.

J'ai pu récemment visiter le nouveau siège d'Apple lors d'une rencontre avec le Deputy Chief Financial Officer. La circonférence du *spaceship* – c'est son nom – est de 1,6 km, pour un diamètre de 500 m. Ce bâtiment de quatre étages est une petite perle sur le plan de l'ingénierie et de l'efficacité, en particulier dans le domaine énergétique. Grâce aux panneaux solaires installés sur le toit, il ne lui faut que 30 % d'énergie supplémentaire pour couvrir ses besoins. Il est tellement parfait, blanc et propre, qu'il reste frais en été. Vous avez peur de garder vos chaussures de crainte de salir. Les vitres sont parfaitement propres, comme tout le reste du bâtiment : fauteuils, coin café, espaces de réunion. Le *spaceship* ne semble d'ailleurs pas avoir été conçu pour des humains, mais pour des robots Apple. Il est impressionnant et, à l'image de la basilique Saint-Pierre à Rome qui symbolisait le pouvoir de l'Eglise catholique au moment de sa construction, le *spaceship* reflète la puissance d'Apple, une société qui détient aujourd'hui 250 milliards de dollars de liquidités et pour laquelle les coûts de construction de 4 à 5 milliards de dollars ne représentent

FIG. 23 **Le siège d'Apple à Cupertino**

qu'une dépense marginale. Je me demande qui travaillera dans ce complexe dans 50 ans. Les entreprises technologiques ont généralement tendance à ne pas vivre éternellement. Même les anciens géants comme IBM ont du mal à conserver leur statut après quelques décennies. Le quartier général d'Apple fait partie des plus grands bâtiments privés au monde. Si une autre entreprise fait mieux, il y a fort à parier qu'il s'agira de Google, d'Amazon, d'Alibaba, ou de Tencent et consorts.

Je ne peux pas m'imaginer que le maître d'œuvre du Burj Khalifa (828 m de haut) à Dubaï, aux Émirats arabes unis, ait imaginé ce projet en se disant : « Et si nous construisions un bâtiment agréable pour les gens de la région ! ». Le gratte-ciel est avant tout un symbole de la puissance et du prestige des Émirats arabes unis et un pied de nez aux autres pays qui ont abrité un jour le plus haut bâtiment au monde : Taïwan, la Malaisie et les États-Unis. Dans ces projets, ce n'est pas l'humain qui se trouve au centre des préoccupations, mais le pouvoir d'un pays ou d'une organisation. **Le gigantisme n'est pas au service de l'Homme, mais du pouvoir.**

BIÈRES MONDIALES, CHOIX RÉDUIT

La course au gigantisme trouve une belle illustration dans un secteur bien connu en Belgique : la bière. La tradition brassicole est ancrée dans la culture depuis des siècles et a même des racines religieuses. La production de bière date de plusieurs millénaires. Les Romains préféraient le vin, les peuples barbares se sont spécialisés dans la bière.

Le consul, historien, écrivain et philosophe romain Publius Cornelius Tacitus (Tacite) décrivait déjà en 98 ap. J.-C. que les Germains – qu'il trouvait « paresseux » – avaient conçu une boisson alcoolisée à base d'orge et de seigle. Il soulignait par ailleurs qu'ils « buvaient trop de bière ». Les moines ont affiné le processus et ont ajouté du houblon, ce qui a grandement amélioré le goût et la durée de conservation.

Le brassage de la bière en Belgique a été affiné pendant des siècles et le processus s'est répandu dans la région. Chaque village disposait de sa ou de ses brasseries. Les abbayes produisaient du fromage et de la bière et se préoccupaient déjà d'innovation – que l'on appelle aujourd'hui la R&D ou Recherche & Développement – créant différentes saveurs, variantes et présentations.

La consolidation de ce secteur « fragmenté » n'a commencé qu'au XXe siècle, avec le rachat par Piedboeuf – à l'époque un brasseur local – d'une série de petites brasseries, qu'il a fusionnées au sein d'un grand groupe. La brasserie Artois lui a emboîté le pas, reprenant des marques comme Stella, Hoegaarden et Wielemans. En 1987, les deux sociétés ont fusionné pour donner naissance à Interbrew et former ainsi un grand groupe brassicole belge.

Mais les choses n'en sont pas restées là et, en 2004, Interbrew a fusionné avec la société brésilienne AmBev. Grâce à la baisse des taux et à la rationalisation de leur structure, ils ont pris le contrôle en 2008 du géant américain Anheuser-Busch. En 2015, lorsqu'une partie des dettes a été remboursée et que les taux d'intérêts ont à nouveau plongé, les

LA CRÉATION D'AB INBEV : CE N'EST PAS DE LA PETITE BIÈRE

FIG. 24 **La création d'un géant brassicole**
Source : recherches propres.

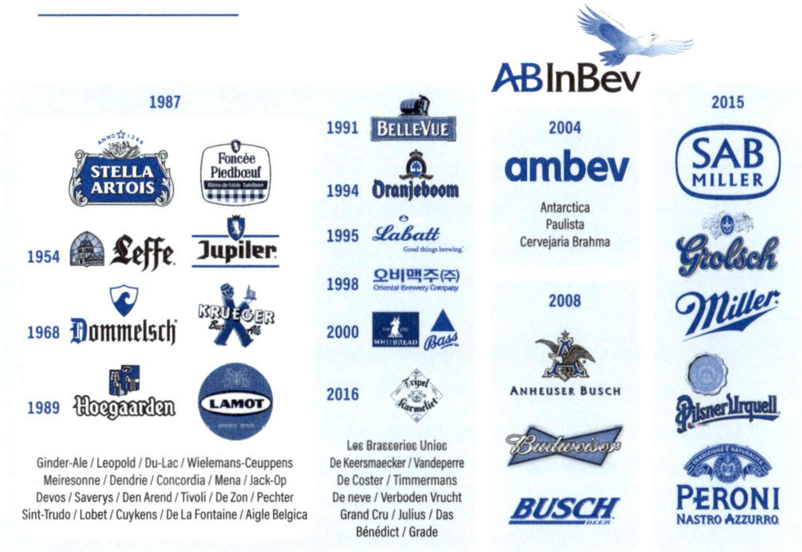

Belgo-Brésiliens ont fait main basse sur le groupe sud-africain SAB Miller (*cf. fig.* 24). **Résultat : le groupe AB inBev détient aujourd'hui 30 % du marché mondial de la bière.**

AB InBev et ses actionnaires ont bâti un magnifique empire en respectant toutes les règles et en saisissant simplement les opportunités qui se présentaient. Cet exemple illustre à merveille comment le gigantisme peut naître de circonstances macro-économiques : baisse des taux, différences de régime fiscal entre les grandes et les petites entreprises, mondialisation, etc. Cette stratégie est par ailleurs un succès commercial et financier pour les grands et les petits actionnaires. Mais l'histoire ne s'arrête pas là.

On parle moins des conséquences plus larges, qui sont pourtant tout aussi radicales : la disparition de nombreuses bières locales aux saveurs et aux variétés tellement uniques au cours des dernières décennies. Et les traditions et les brasseries – qui soutenaient des initiatives tout aussi locales – ont disparu avec leurs bières. Auparavant, les étudiants buvaient volontiers de la Jack-Op. Aujourd'hui, ils doivent se contenter d'une Jupiler ou d'une Stella. De nombreuses bières artisanales ont disparu, leur marché ayant été absorbé par les grandes marques, ou la production a été délocalisée, suscitant parfois des protestations.

En témoigne le transfert en 2005 – à l'initiative d'InBev – de la production de la bière blanche Hoegaarden du village éponyme à Liège. Au final, ce ne sont pas les protestations qui ont tué la bière, mais le changement de goût et de couleur. En 2007, la production a été ramenée dans le Hageland.

Les villages ont perdu leur brasserie locale, leur bière et donc leur bistrot qui servait de lieu de rencontre pour les habitants après chaque fête, chaque enterrement et chaque journée de dur labeur. Aujourd'hui, nous buvons tous la même bière industrielle, de moins en moins dans de pittoresques cafés de village, mais dans des chaînes de restaurants ou des cafés devenus dépendants de ce grand brasseur, tous aménagés de la même manière, avec le même logo à l'extérieur, le même assortiment de bières et la même carte.

Le gigantisme du secteur a fait disparaître de nombreuses bières locales. Les marques belges comme Stella et Leffe sont aujourd'hui vendues partout dans le monde. Mais la culture belge de la bière s'est malheureusement étiolée.

Cette stratégie qui consiste à éliminer des concurrents potentiels en les rachetant porte un nom : ***killer-acquisition***.[16] Les grandes entreprises sont encouragées à acheter les cibles qui font preuve d'un peu trop de créativité pour mettre fin au développement de projets susceptibles de les concurrencer. Souvenez-vous du rachat de jeunes joueurs de football prometteurs dans l'histoire sur la Champions League.

Dans le monde des entreprises, des chercheurs ont trouvé des preuves étayant cette hypothèse : ils ont analysé 35 000 produits pharmaceutiques développés par des grandes et des petites entreprises. Ils ont constaté que les médicaments conçus par les entreprises rachetées avaient moins de chance d'être développés s'ils présentaient un chevauchement avec le portefeuille de produits du repreneur, en particulier lorsque l'acheteur détenait une position importante sur ce même marché. Les chercheurs sont arrivés à la conclusion que 6,4 % (soit plus de 2 000 projets) de toutes les acquisitions étaient en réalité des *killer-acquisitions*. Ces transactions – qui sont un moyen sûr de freiner l'innovation et d'augmenter les prix – ont réussi à passer sous le radar des instances antitrust parce qu'elles étaient trop petites pour être signalées ou repérées.

NOS GOÛTS S'UNIFORMISENT

Dans le secteur alimentaire également, un petit nombre de grandes entreprises s'arrogent le droit de décider des matières premières qui seront utilisées, de ce que l'on trouvera dans les rayons des magasins, et donc de ce qui atterrira dans nos assiettes. Monsanto (devenue entretemps une filiale de Bayer) détient par exemple 85 % du marché américain des céréales et 91 % du marché des fèves de soja. Cette position dominante a bien entendu des conséquences pour l'agriculture et a même éjecté les plus petits agriculteurs du marché américain.

Dans le segment des produits finis, d'autres acteurs émergent. Oxfam a publié cette année un graphique impressionnant (*cf. fig. 25*) qui reprend les dix principaux géants alimentaires Associated British Foods (ABF), Coca-Cola, Danone, General Mills, Kellogg's, Mars, Mondelēz, Nestlé, PepsiCo et Unilever. Leurs marques sont souvent plus connues que le nom du géant lui-même et la plupart des consommateurs ne savent probablement pas qu'elles sont produites par des grands groupes. **Ces dix entreprises représentent 47 % du marché du fast-food.**

SACHEZ CE QU'IL Y A DANS VOTRE ASSIETTE !

FIG. 25 Les géants alimentaires
Source : Oxfam, cf. également :
www-cdn.oxfam.org/s3fs-public/file_attachments/bp166-behind-the-brands-260213-en_0_0.pdf.

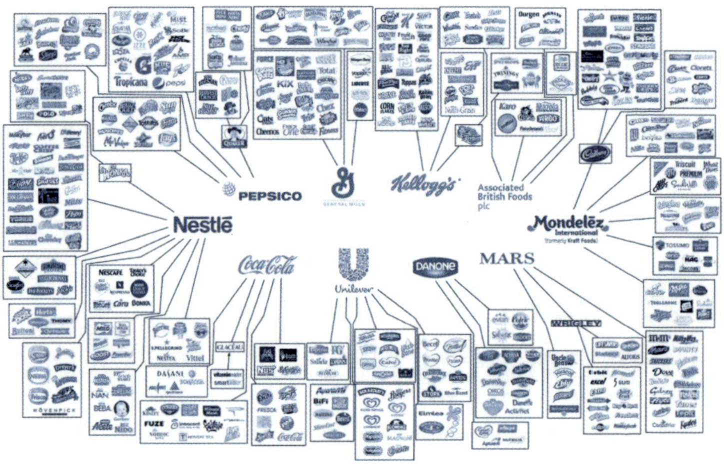

Dans certains secteurs, la concentration est encore plus forte. 58 % des chips (de pomme de terre) sont des Lay's et 75 % des boissons pour sportifs aux États-Unis sont du Gatorade, deux marques du groupe PepsiCo. Enfin, la firme américaine Mars détient 15 % du marché mondial du chocolat, mais 40 % du marché chinois et même 48 % du marché indien.

Ces grandes entreprises misent sur le besoin de sécurité des consommateurs qui pensent que, si un produit vient d'une firme connue, il y a des chances pour qu'il soit de qualité. Si vous êtes à l'étranger et que vous vous méfiez de la nourriture locale, vous trouverez probablement plus rassurant de manger dans un restaurant de la chaîne de *fast-food* MacDonald's.

Il y a bien entendu des arguments positifs. Unilever, par exemple, est une entreprise qui déploie une stratégie inspirante baptisée *Purpose*, qui vise à proposer une alimentation saine. Nous pouvons l'applaudir. Mais ce qu'il faut souligner, c'est que de nombreuses petites entreprises alimentaires poursuivent les mêmes objectifs, mais n'ont tout simplement plus la possibilité de placer leurs produits sur les étagères des supermarchés. Nos goûts sont au propre comme au figuré façonnés par une poignée de géants de l'alimentation.

Pour nous rendre la vie facile, les entreprises cherchent notre *sweet spot*. Littéralement, car les produits alimentaires contiennent beaucoup plus de sucre que recommandé pour notre santé, tout simplement parce que nous préférons les aliments sucrés aux autres. Nos habitudes alimentaires ont dérapé et ont provoqué une épidémie mondiale d'obésité, qui à son tour génère d'autres maladies comme le diabète.

Si vous voulez sortir des sentiers battus et découvrir d'autres saveurs, vous devez vous éloigner des supermarchés et partir à la découverte des marchés locaux, des petits magasins et vous rendre chez des particuliers ou dans des restaurants qui pratiquent encore l'art du bien manger. Nos goûts s'uniformisent, l'offre diminue et le *one fits all* devient de plus en plus la norme à l'échelle mondiale.

LA « WALMARTISATION » DU COMMERCE DE DÉTAIL

La société américaine Walmart est la plus grande chaîne de supermarchés au monde et l'une des plus grandes entreprises mondiales. Tous les membres de la famille Walton font partie du club sélect des plus riches Américains. L'entreprise emploie 2,2 millions de personnes, dont 1,5 million rien qu'aux États-Unis, où la chaîne gère plus de 10 000 magasins et représente 25 % du commerce de détail. Plus de la moitié des produits sont importés de Chine. La superficie totale des magasins Walmart dépasse d'une fois et demie celle de Manhattan. 90 % des Américains habitent à moins de 24 km d'un magasin Walmart.

La chaîne doit son statut de géant à une combinaison d'audace, de sens des affaires et des éléments de croissance que nous avons abordés dans le deuxième chapitre du livre. Walmart n'est pas très connu en Europe, mais remplacez Walmart par IKEA ou Decathlon, et vous comprendrez. Les parallélismes sont frappants.

Un des arguments en faveur du laisser-faire des autorités face à ce gigantisme est l'emploi. À chaque fermeture d'usine en Europe, avec les pertes d'emplois qui l'accompagnent, tout le monde se réjouit de l'installation d'un magasin IKEA ou Decathlon, « car cela crée de l'emploi ». Cet emploi est l'effet à court terme qui accompagne l'ouverture d'un grand magasin. Mais il faudrait aussi se pencher sur les conséquences à long terme du gigantisme dans le commerce de détail.

En 2012, Bill De Blasio, aujourd'hui maire de New York, a commandé une enquête pour évaluer l'impact du groupe Walmart sur les communautés locales, ce qui a donné lieu à la publication du rapport *Walmart's Economic Footprint*, qui donne un aperçu complet de 50 études universitaires sur l'impact économique du distributeur sur l'ensemble de l'économie américaine. L'objectif de la ville de New York était de prendre des décisions bien documentées concernant des projets de nouvelles implantations de la chaîne.

La principale conclusion du rapport est que chaque nouveau magasin Walmart à New York détruit davantage d'emplois qu'il n'en crée. En poussant à la faillite de nombreux petits détaillants indépendants, la chaîne fait également augmenter la pression fiscale. Le maire a déclaré mot pour mot : « Ces dix dernières années, nous avons compris que Walmart était un cheval de Troie pour la ville (de New York). » Il ne parlait pas uniquement de la fermeture des petits magasins, mais aussi des bas salaires, car Walmart paie à son personnel une rémunération à peine supérieure au minimum vital.

Les études sur Walmart permettent de bien comprendre l'effet Champions League, car elles placent côte à côte les conséquences à court terme et à long terme. À court terme, l'implantation d'un magasin crée de nouveaux emplois et le pouvoir d'achat de la population locale augmente grâce aux produits bon marché proposés par la chaîne. Ce n'est qu'après quelques années que l'impact négatif commence à se faire sentir, lorsqu'il devient évident que le bilan final en termes d'emplois est négatif : les nouveaux emplois créés sont moins nombreux que les emplois perdus et sont moins bien rémunérés. Résultat : l'économie régresse.

Walmart reconnaît d'ailleurs indirectement qu'elle rémunère mal ses travailleurs et que ceux-ci ont du mal à nouer les deux bouts. Un porte-parole a un jour déclaré : « Plus des deux tiers de nos employés n'ont pas de famille à nourrir. Ils ont le profil idéal pour notre société ». J'ignore si cette déclaration était volontairement ironique ou sarcastique, il n'en demeure pas moins qu'elle manque cruellement de sensibilité.

De plus, ces études ne mesurent pas l'impact socio-économique plus large de l'arrivée de ces grandes surfaces commerciales. Tout d'abord, la logistique s'en trouve modifiée : les consommateurs n'achètent plus de produits locaux et les remplacent par des produits importés. La plupart des consommateurs doivent se rendre au magasin en voiture. Les magasins locaux perdent des clients parce que plus personne ne fait ses courses au centre-ville, mais dans de grands centres commerciaux en banlieue. Le personnel des grandes surfaces ne se sent pas impliqué comme le serait un petit commerçant indépendant, il ne noue pas de liens personnels avec les clients et les relations sont de plus en plus impersonnelles.

Les clients doivent tout faire eux-mêmes : se servir, trouver un préposé pour un conseil éventuel, scanner leurs produits et payer à une caisse automatique, pour ensuite charger eux-mêmes leurs achats dans la voiture. L'ensemble des relations client-commerçant se transforme en une procédure standardisée qui tient davantage de l'industrie, où la priorité est accordée à l'efficacité et à la rentabilité. Les solutions alternatives finissent par disparaître au fil de temps, ce qui permet aux grandes surfaces de renforcer encore davantage leur part de marché. **La standardisation remplace les contacts humains, les communautés se détruisent, les salaires et les produits passent au second plan.** Non, je ne suis pas fan de la Walmartisation de l'économie !

Le commerce en ligne a modifié en partie cette forme de distribution. L'économie internet présente les mêmes caractéristiques que le gigantisme et a les mêmes conséquences pour les consommateurs et l'emploi. Les conditions de travail chez Amazon, le géant américain du commerce en ligne, et dans la boutique allemande de mode en ligne Zalando ne sont pas très différentes de celles de Walmart : les préparateurs de commandes préparent les colis pour des salaires de misère et les consommateurs sont inondés de bric-à-brac venant de tous les coins du monde. Cette forme de vente au détail provoque aussi d'importants dégâts environnementaux. Aujourd'hui, ce sont les anciens géants du commerce de détail qui sont mis sous pression par de nouveaux géants de la distribution, plus grands, plus jeunes et plus dynamiques. Ils sont donc devenus vulnérables face à l'innovation et aux changements rapides, endormis par des décennies de position dominante et de sentiment d'invincibilité.

BIG PHARMA : LES MALADIES SONT DU *BIG BUSINESS*

Le marché pharmaceutique mondial est estimé à 1 100 milliards de dollars. L'Amérique du Nord, l'Asie et l'Europe occidentale représentent près de 80 % du marché des médicaments. Les dix plus grands groupes pharmaceutiques mondiaux représentent près de 40 % du marché, et le top 15 représente plus de 50 % du marché *(cf. fig. 26)*. Le *Big pharma* est donc aux commandes lorsqu'il s'agit de fixer les règles, car dans ce secteur également, le gigantisme joue un rôle de premier plan.

D'une part, c'est un secteur où il est important de bénéficier d'une certaine taille pour disposer de ressources suffisantes pour la R&D et pour bâtir un réseau de vente mondial **mais, d'autre part, la consolidation au sein du secteur est très poussée, avec son corollaire, à savoir que ce sont les grands acteurs qui font le marché.** Les pouvoirs publics jouent un rôle très important pour ces acteurs, car ce sont eux qui approuvent les médicaments et – dans la phase ultérieure – fixent les règles de remboursement par la sécurité sociale. Il ne faut donc pas s'étonner que les grands groupes pharmaceutiques fassent d'énormes efforts pour influencer les décideurs politiques. D'après les chiffres du Center for Responsive Politics – un centre d'études indépendant – le secteur pharmaceutique américain compte environ deux lobbyistes par membre du Congrès.

Suite à une série d'acquisitions, le groupe américain Pfizer est devenu le leader mondial du secteur. L'entreprise est surtout connue pour ses médicaments comme le Viagra (évidemment), mais aussi le Lipitor (contre l'hypercholestérolémie) et le Xanax (anxiolytique), qui sont tous trois des *blockbusters*. Pfizer existe depuis 1849, mais s'est surtout développé aux alentours de l'an 2000, suite à l'acquisition entre autres de Warner Lambert, de Wyeth, de Pharmacia et d'Hospira. Le groupe est aujourd'hui un véritable géant qui utilise tous les leviers que nous avons cité dans le deuxième chapitre.

Pfizer peut emprunter en euros au taux de 1 %, ce qui représente un effet de levier énorme pour des acquisitions, pour le rachat d'actions propres et pour d'autres opérations capitalistiques. L'argent est presque gratuit pour le groupe pharmaceutique.

Il n'est absolument pas dans mes intentions de viser Pfizer en particulier. C'est le même constat pour de nombreux géants. Apple, par exemple, emprunte à un taux de 0,9 %, à dix ans et Microsoft à 1 %, comme Pfizer. **L'argent est donc presque gratuit pour les géants.**

Le gigantisme dans l'industrie pharmaceutique présente indubitablement des aspects positifs : davantage de moyens disponibles pour la recherche et le développement de nouveaux médicaments, augmentation de l'efficacité, baisse des prix des médicaments, etc. Mais l'évolution au sein du secteur va main dans la main avec une surconsommation mondiale. La prise d'analgésiques, de somnifères, d'antidépresseurs, d'anxiolytiques, de médicaments contre le déficit de l'attention (TDAH) et de Viagra a tellement augmenté et s'est tellement généralisée que l'on peut parler d'addiction aux médicaments. **La chimie est devenue un substitut courant au processus de guérison naturel.** De nombreux patients dépendent de la chimie (pharmaceutique) pour retrouver un équilibre (artificiel).

COMMENT LE *BIG PHARMA* CONTRÔLE LE MARCHÉ DU MÉDICAMENT

FIG. 26 **Le *big pharma***
Source : Rapports annuels 2018.

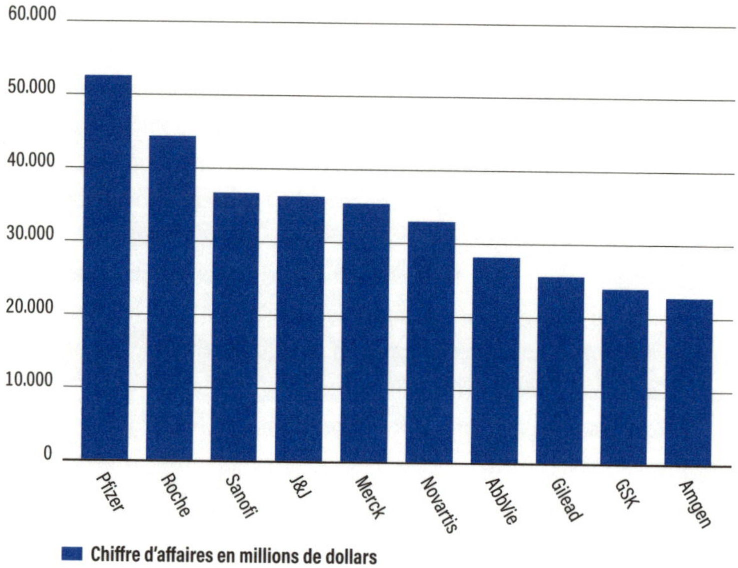

LE TOP 10 DES SOCIÉTÉS PHARMACEUTIQUES REPRÉSENTE 40 % DU MARCHÉ, ET LE TOP 15 REPRÉSENTE MÊME PLUS DE 50 % DU MARCHÉ

Par ailleurs, ces médicaments sont prescrits sur de longues durées. Aux États-Unis, 60 % des patients qui recourent aux antidépresseurs suivent leur traitement pendant au moins deux ans et 14 % le suivent pendant dix ans ou plus. La consommation d'antidépresseurs augmente très vite partout dans le monde (*cf. fig. 27*). On n'a pourtant pas pu établir avec certitude un lien entre ces médicaments et le *sentiment de bonheur*. Certains pays développés en consomment beaucoup, d'autres très peu. Il n'y a pas non plus de corrélation claire avec le taux de suicide. Les différences sont très complexes à analyser et s'expliquent par les habitudes de prescription, les pratiques thérapeutiques et d'autres facteurs. Aux États-Unis, plus de 10 % des citoyens prennent des antidépresseurs et les Américains sont aussi de gros consommateurs d'autres médicaments, comme les analgésiques. Alors que le pays ne représente que 4 % de la population mondiale, il consomme plus de 30 % de tous les médicaments antidouleur vendus dans le monde.

Il est probablement exagéré de prétendre que le secteur pharmaceutique est à l'origine de la surconsommation de médicaments, même si les grands groupes se réjouissent probablement de cette situation. Les somnifères, analgésiques, calmants et antidépresseurs sont devenus des produits ordinaires, faciles à se procurer. De plus, certains médicaments créent une dépendance ou perdent leur efficacité au fil du temps, ce qui oblige les patients à prendre de plus fortes doses pour obtenir un effet comparable. Dans d'autres cas, il est nécessaire de combiner la prise de plusieurs médicaments pour retrouver un rythme circadien normal.

Ce que je veux démontrer, c'est que le gigantisme nous pousse davantage vers les médicaments produits de manière industrielle plutôt que vers des solutions plus humaines. **On ne guérit pas structurellement de la dépression ou de l'obésité en prenant des produits chimiques, mais en améliorant les relations entre personnes, entre collègues, et en se reconnectant avec la nature. Les somnifères et les analgésiques sont devenus nécessaires à de nombreuses personnes pour réduire le stress ou d'autres problèmes latents, et pour faire face aux petits tracas du quotidien.** Les médicaments peuvent donner un coup de pouce à notre organisme, mais ne peuvent pas être une solution permanente. Sinon, la consommation de médicaments ressemblera bientôt à l'électricité et aux autres formes d'énergie : une facture permanente pour aider les gens à « fonctionner » dans la société.

CONSOMMATION D'ANTIDÉPRESSEURS : À VOUS RENDRE DÉPRESSIF !

FIG. 27 Consommation d'antidépresseurs
Source : The Health Foundation (1998-2012) & OCDE, CDC.

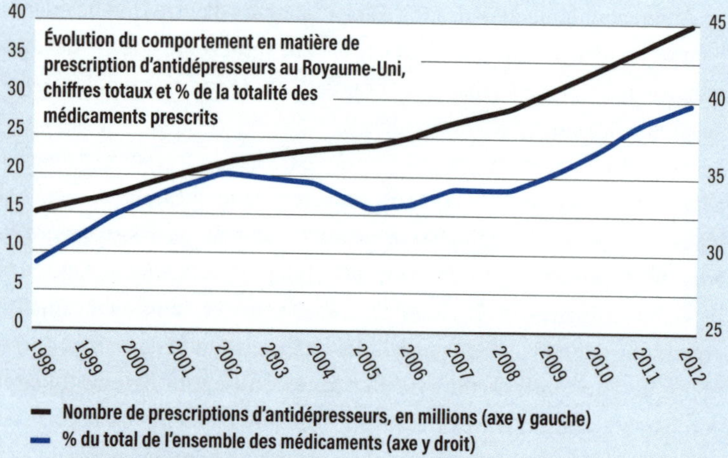

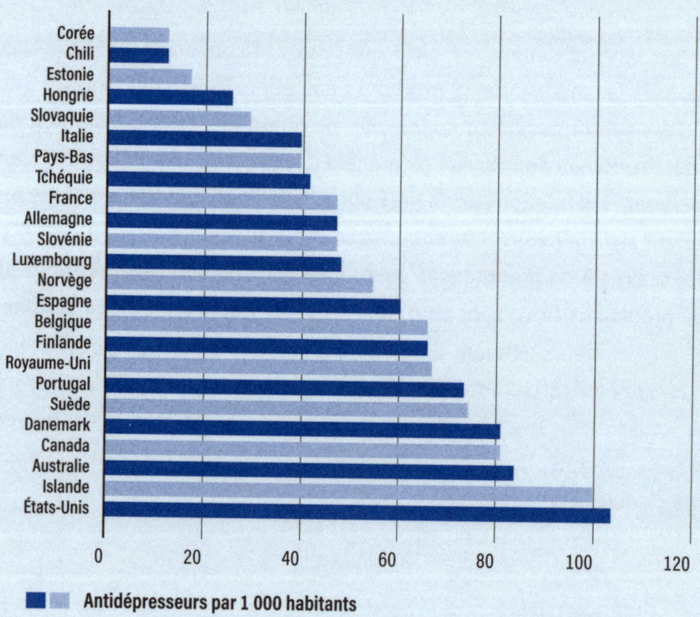

BIG TECH : À CHACUN SON MONOPOLE

Comme nous l'avons déjà expliqué, la situation a commencé à déraper dans les années 1990 lorsque Microsoft, la société de Bill Gates et de feu Paul Allen n'a finalement pas été obligée de se scinder, créant ainsi un précédent pour les futurs géants technologiques. Il aurait mieux valu que Microsoft soit divisée par exemple en une entreprise spécialisée en systèmes d'exploitation, en une unité s'occupant par exemple de progiciels de traitement de texte et de tableurs, et en une troisième dans le secteur encore jeune mais en croissance des navigateurs internet. Mais on ne refait pas l'histoire et, aujourd'hui, d'autres géants technologiques peuvent suivre la même voie sans crainte : déployer de nombreuses activités et racheter leurs concurrents potentiels au stade précoce de leur développement.

Les géants technologiques préfèrent d'ailleurs éviter toute confrontation directe et cherchent plutôt à occuper une place prépondérante dans

FIG. 28 **Les géants technologiques et leurs sociétés satellites**
Source : recherches propres.

une « niche » via des acquisitions. Microsoft, Facebook, Google, Amazon et Apple ne sont pas de réels concurrents : ils ont chacun bâti un empire – qui porte certes la même étiquette de « géant technologique » –, mais leurs activités ont peu de points communs (*cf. fig.* 28). Alors que Microsoft s'est arrogé une place enviable dans le monde des entreprises, Amazon s'est spécialisée dans le commerce de détail, Facebook est devenu le principal acteur des réseaux sociaux, et Google s'intéresse de plus en plus à l'intelligence artificielle et aux autres secteurs apparentés. Enfin, Apple se concentre sur des produits de grande consommation et rencontre peu de concurrence des autres géants *tech*, à l'exception de quelques produits Microsoft, des systèmes d'exploitation de Google et de ses homologues chinois. Des situations quasi monopolistiques sont apparues, et les seuils d'entrée pour de nouveaux entrants sont devenus aussi hauts que le Burj Khalifa.

CONCLUSION

LA CHAMPIONS LEAGUE EST TOUT LE CONTRAIRE DE L'*HOTEL CALIFORNIA*...

La célèbre chanson *Hotel California* du groupe américain Eagles parle d'un endroit où l'on peut faire son « check-out » à tout moment, mais que l'on ne peut jamais quitter. À l'*Hotel Champions League*, vous pouvez sonner autant de fois que vous voulez, on ne vous laissera jamais entrer. Toutes les chambres sont occupées, les clients s'y plaisent de plus en plus et n'ont aucune envie de partir, du moins pas de leur plein gré. Entretemps, le directeur de l'hôtel est devenu leur meilleur ami.

Ceux qui ne réussissent pas à entrer se retrouvent dans le froid, et la température extérieure devient de plus en plus glaciale. Dans l'hôtel, il n'y a de la place que pour un nombre limité d'invités. Le droit d'entrée augmente chaque année et les installations ne cessent de s'améliorer. Plus encore, l'hôtel Champions League mène une concurrence féroce aux hôtels du quartier qui ont dû réduire leur nombre de chambres et la qualité du service.

La Champions League a permis d'améliorer la qualité du football, mais l'a en même temps industrialisé. La compétition attire des supporters « touristes » de grands clubs comme Barcelone, Arsenal ou Liverpool, mais les véritables supporters, qui sont restés fidèles à leur club, se retrouvent dans le froid. Ils sont même évincés du stade *manu militari*, car les billets VIP rapportent plus que les places debout dans les tribunes. Les fidèles supporters d'un petit club traditionnel ne peuvent plus espérer un exploit, car les joueurs talentueux de leur club sont rachetés dès leurs premiers coups d'éclat. Les grands sponsors ne soutiennent plus les petites équipes, mais combinent leurs budgets nationaux pour les allouer à cette seule et unique grande compétition.

Cet effet Champions League est désormais visible dans de nombreux secteurs : dans l'alimentation, la bière, la technologie, la consultance, les dérivés, la pharmacie, les pneus, les agences de notation ou le cinéma. **Une Champions League se transforme *de facto* en oligopole**, même si elle n'est pas toujours considérée comme telle. Bien sûr, ce type de compétition a ses avantages, notamment en termes de qualité. Mais la médaille a son revers : freins à l'innovation et baisse de la concurrence. De plus, elle peut avoir des conséquences en dehors de la sphère économique, comme nous l'avons vu dans l'alimentation, la bière et la pharmacie. Une Champions League commercialise des produits et services plus industriels, au détriment des liens sociaux. Et, dans le pire des cas, elle aboutit à une totale déshumanisation de l'économie.

CHAPITRE 4

LE GIGANTISME ASSERVIT L'HUMAIN

Dans le chapitre précédent, nous avons utilisé la métaphore du sport pour montrer comment le gigantisme s'est insinué dans plusieurs secteurs et pour étudier ses conséquences économiques : concentration, absence de concurrence, barrières d'entrée et changements de comportements sociaux.

Dans ce chapitre, nous allons approfondir l'analyse des conséquences du gigantisme pour les individus. Certaines tendances majeures que nous appelons « maladies de civilisation » en font partie, comme les inégalités et la criminalité. Nous utiliserons à nouveau des exemples repris dans les chapitres précédents, mais cette fois à partir d'un point de vue différent, à savoir que nous placerons les individus face à ces géants. Le « personnalisme » comme contrepoids au capitalisme débridé.

LA « WALMART-ISATION » PROVOQUE… L'OBÉSITÉ

Le commerce de détail est probablement le premier secteur à avoir été confronté à la course au gigantisme. L'arrivée des supermarchés date des *Golden Sixties*, c'est-à-dire il y a plus de 50 ans. Depuis lors, ses conséquences ont fait l'objet d'analyses approfondies par les scientifiques et les économistes.

Aux États-Unis, l'année 1962 est considérée comme le point de départ du gigantisme dans le commerce de détail, avec l'ouverture des premiers supermarchés Walmart, Target et Kmart. L'émergence de ce phénomène a eu des conséquences importantes pour les communautés locales. Les magasins se sont déplacés des centres-villes vers les banlieues. Les clients ne s'y rendaient plus à pied, mais de préférence en voiture. Les exploitants n'étaient plus des familles que tout le monde connaissait depuis des générations, mais des managers extérieurs à la communauté locale. Le supermarché était, comme son nom l'indique, un grand magasin doté d'une immense surface, avec de grands parkings et un choix énorme de produits, par ailleurs bien meilleur marché.

Depuis 1962, le nombre de magasins Walmart aux États-Unis est passé de 1 à 4600. Les deux autres « grands »[17] gèrent aussi désormais plus de 1 000 magasins chacun, et de nombreuses nouvelles enseignes[18] sont venues s'ajouter. Plus tard, un autre phénomène s'est ajouté : celui des centres commerciaux avec certes de nombreuses boutiques aux côtés des grands magasins, mais couvrant d'immenses surfaces.

Ces dernières années, le commerce en ligne a quelque peu titillé ces méga-centres, mais ils sont toujours dominants. Pour vous donner une idée : Walmart emploie 1 % de la population active aux États-Unis, il est le plus gros importateur du pays, avec 800 000 conteneurs par an,[19] et 70 à 80 % des produits vendus sont importés de Chine.[20]

Cette prolifération de supermarchés et de centres commerciaux a bien entendu eu un impact important sur l'emploi. Une étude du Massachusetts Institute of Technology (ou MIT) de 2008[21] révèle que les supermarchés sont responsables de la disparition de la moitié des emplois dans les *mom and pop stores*, ces petits commerces indépendants souvent tenus par des familles. D'autres études montrent qu'au cours de l'année qui suit l'ouverture d'un supermarché, 14 petits magasins situés à proximité de la grande surface doivent en moyenne fermer leurs portes.

Et ce n'est pas tout. En 2011, le professeur Charles Courtemanche[22] de l'université du Kentucky a constaté qu'il existait **un lien direct entre l'émergence des supermarchés et l'augmentation de l'obésité**, et que, pour chaque nouveau supermarché ouvert, l'Indice de Masse Corporelle (IMC) augmentait de 0,24 unité et le taux d'obésité de 2,3 points de pourcentage. Cela peut sembler insignifiant, mais c'est tout le contraire : cela signifie que la prolifération des supermarchés Walmart est responsable de 10,5 % de l'augmentation de l'obésité depuis la fin des années 1980. La baisse des prix par Walmart, que l'on peut considérer comme positive, ne compense pas la hausse des dépenses en soins de santé. Cela signifie que si l'on regarde la Walmartisation de manière restreinte, on ne voit que la baisse des coûts. **Dès que l'on prend un peu de hauteur, il apparaît clairement que la Walmartisation a fait baisser le niveau de vie aux États-Unis.**

Les importantes conséquences sociétales du gigantisme dans le secteur du commerce de détail sont très largement documentées, mais insuffisamment connues du grand public. **Aux États-Unis, les chiffres de la criminalité ont aussi augmenté** suite à la disparition des petits magasins de quartier[23] par comparaison aux quartiers où il n'existe pas (encore) de supermarché Walmart. Par ailleurs, on constate également une baisse du taux d'emploi et des recettes fiscales dans les régions où Walmart est implanté.

On peut donc s'étonner que les responsables politiques se montrent toujours aussi favorables à l'ouverture de grands centres commerciaux « à la Walmart » – chez nous, IKEA et Decathlon. Attention, ne me faites pas dire que tous les Decathlon et IKEA sont à proscrire et qu'ils n'apportent rien de positif. On peut par exemple argumenter que Decathlon abaisse le seuil d'accès au sport. Mais pensons-nous suffisamment aux effets négatifs de l'arrivée de ces mastodontes ? Si c'était le cas, nous ne trouverions pas normal que les gouvernements leur accordent des privilèges ou des subsides directs lorsque ces entreprises viennent tâter le terrain à propos d'un projet d'investissement. Pensez aux terrains vendus à des prix ultra-bas ou aux routes d'accès que les pouvoirs publics se font un plaisir de construire. Les grands centres commerciaux sont même présentés à l'opinion publique comme étant une « stratégie pour l'emploi » alors qu'aucune étude économique ne vient étayer cette thèse. Du moins pas si tous les aspects sont pris en compte et si l'on examine les conséquences à long terme (*cf. chapitre précédent*).

Ici non plus vous ne m'entendrez pas dire que le *big retail* n'a aucun avantage. Il est clair que les grands supermarchés ont considérablement élargi le choix proposé aux consommateurs, tout en baissant les prix. Ils ont également créé des fonctions de management qui n'existaient pas dans le secteur, car elles n'étaient pas nécessaires dans les petits commerces. **Mais ces avantages sont loin de compenser les problèmes socio-économiques provoqués par les grandes surfaces, et qui se manifestent à plus long terme. L'agonie du petit commerce est lente et passe totalement inaperçue, contrairement aux fermetures d'usines ou à la faillite d'une grande chaîne.**

Plus encore : lorsqu'une grande usine ferme ses portes, les politiciens se précipitent pour offrir des subsides, par exemple pour attirer une grande chaîne de magasins, ou vantent les mérites du « nouveau projet créateur d'emplois » lors de l'ouverture d'un nouveau centre commercial. Ces attitudes sont non seulement contre-productives, mais il est erroné de croire que les emplois dans le secteur du commerce de détail ont le même effet de levier sur la création d'emplois que dans d'autres secteurs. L'effet de levier dans le secteur manufacturier (industrie, informatique, etc.) est beaucoup plus important que celui du commerce de détail, de la logistique ou de la distribution. **Un pays s'appauvrit lorsque l'industrie manufacturière disparaît et la population s'appauvrit quand la consommation devient plus importante que la création.**

LA CLASSE MOYENNE DISPARAÎT

Ce lien entre les emplois et le gigantisme est évident dans le secteur de la grande distribution, et il peut être étendu à d'autres secteurs comme l'horeca et à d'autres activités à caractère local. Il est cependant beaucoup plus difficile de mettre en évidence d'autres liens de causalité. Par exemple, l'impact de l'automatisation sur l'emploi a fait l'objet de nombreux débats. Certains estiment que l'automatisation ne réduit pas le nombre d'emplois. Mais on se pose rarement la question de l'impact social sur les personnes qui vivent ces changements. Les économistes disent un peu trop facilement que l'automatisation fait disparaître les « emplois répétitifs » au profit de la création d'emplois « plus intéressants ».

C'est possible, mais nous passons souvent à côté de l'essentiel: les emplois n'ont pas qu'une fonction économique, ils ont aussi une fonction sociétale. Même si les petits magasins n'ont pas la même « valeur économique », ils remplissent cependant un rôle social. Il est très différent d'aller acheter ses fruits et légumes dans le petit magasin du coin et de papoter avec le commerçant et avec les autres clients, car le tissu social se construit grâce aux contacts et aux rencontres. Ces contacts permettent aussi de mieux se connaître. Les grands magasins s'intéressent moins à ce type d'interaction, privilégiant le chiffre d'affaires.

Malheureusement, l'étude du chevauchement entre l'économie et la société n'est pas un domaine de recherche populaire. Ce n'est pas une science exacte et cela peut donc conduire à des opinions ou à des conclusions opposées.

L'analyse que je présente ici est basée en partie sur des statistiques et des recherches scientifiques et en partie sur mon interprétation personnelle. Alors qu'il est facile de justifier le gigantisme d'un point de vue purement économique, aucune étude n'a été réalisée sur son impact sociétal. Malgré tout, il faut analyser le gigantisme à la lumière des importants phénomènes sociaux qui nous préoccupent aujourd'hui : inégalités, mobilité sociale, maladies de civilisation (burn-out, dépression, obésité, etc.), entrepreneuriat, diversité, etc.

Un autre phénomène social important est la polarisation des emplois et la pression sur la classe moyenne - certains évoquant même sa disparition.

Les chercheurs Maarten Goos, Alan Manning et Anna Salomons[24] ont démontré que le marché de l'emploi européen était en train de se polariser, ce qui signifie que l'on constate à la fois une augmentation des emplois mal payés et une augmentation des emplois très bien payés. Conséquence : la classe moyenne disparaît dans tous les pays (*cf. fig. 29*).

LA CLASSE MOYENNE DISPARAÎT

FIG. 29 **Évolution des employés bien payés vs. bas salaires et salaires moyens en Europe**
Source : Goos, Manning, Salomons (2013).

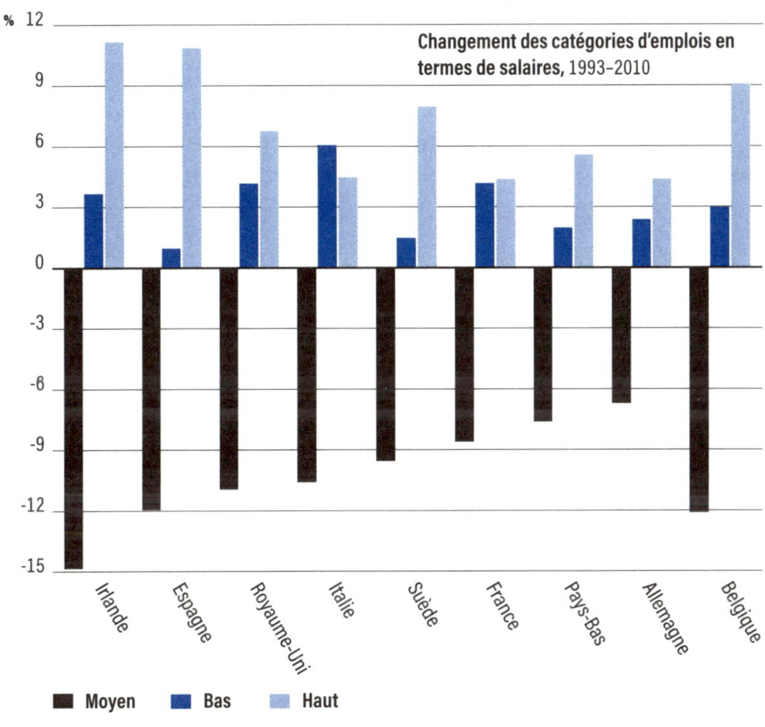

Les optimistes souligneront que la classe moyenne ne s'est jamais aussi bien portée et qu'elle ne cesse de s'enrichir. Mais on constate que le marché de l'emploi se polarise dans presque tous les pays européens. Les emplois très qualifiés sont mieux payés que les emplois peu ou non qualifiés, c'est logique. Mais la classe moyenne – jusqu'ici bien payée – est sous pression et la guerre des talents profite davantage aux personnes les plus qualifiées, qui perçoivent alors les meilleurs revenus.

Aux États-Unis également, la classe moyenne est un sujet d'inquiétude. Les inégalités y sont encore plus visibles à cause de la fiscalité et de l'absence de transferts généralisés et de filets de sécurité comme ceux que nous connaissons en Europe. Les chercheurs qui se sont penchés sur cette polarisation l'expliquent par trois raisons importantes : la mondialisation, la délocalisation et les changements technologiques, ces derniers étant souvent repris sous le dénominateur « disparition des emplois répétitifs. »

Aujourd'hui, les petites entreprises sont toujours moins automatisées que les grandes car, pour rentabiliser la robotisation de la production, les tâches doivent être standardisées, une condition que l'on retrouve plus souvent dans les grandes entreprises à cause la taille de leurs opérations.

On peut donc légitimement se demander si le gigantisme n'est pas la cause de la disparition de la classe moyenne. On peut en tout cas au moins affirmer que ces deux phénomènes ont la même origine.

MALADIES DE CIVILISATION

Nous avons déjà indiqué que les chercheurs avaient trouvé un lien causal entre la Walmartisation et l'obésité. La hausse de la prévalence d'autres maladies de civilisation au cours des dernières années – comme la dépression et le burn-out – est aussi socialement significative. Ce n'est probablement pas un hasard si le nombre de burn-out a explosé durant ces dernières années qui sont précisément marquées par un gigantisme galopant. **Le taux de burn-out dans les grandes entreprises technologiques est d'ailleurs remarquable.** Cette étude détaillée a été menée en 2018 et a provoqué une véritable tempête dans la Silicon Valley. **Elle indique que 50 à 70 % des travailleurs souffrent de burn-out à cause de la forte pression dans l'industrie de la *big tech*** (*cf. fig.* 30).

Taux de burn-out chez Apple : 57 %, Microsoft : 57 %, Amazon : 59 %, Google : 54 %, Facebook : « seulement » 49 %... Ces chiffres sont effrayants pour une industrie présentée comme étant le secteur d'avenir par excellence.

Ces chiffres devraient suffire à convaincre les lecteurs que quelque chose ne tourne pas rond dans ces modèles opérationnels.

VOUS TRAVAILLEZ DANS UNE ENTREPRISE DE HAUTE TECHNOLOGIE ? ATTENTION AU BURN-OUT !

FIG. 30 **Taux de burn-out dans les entreprises technologiques**
Source : Blind.

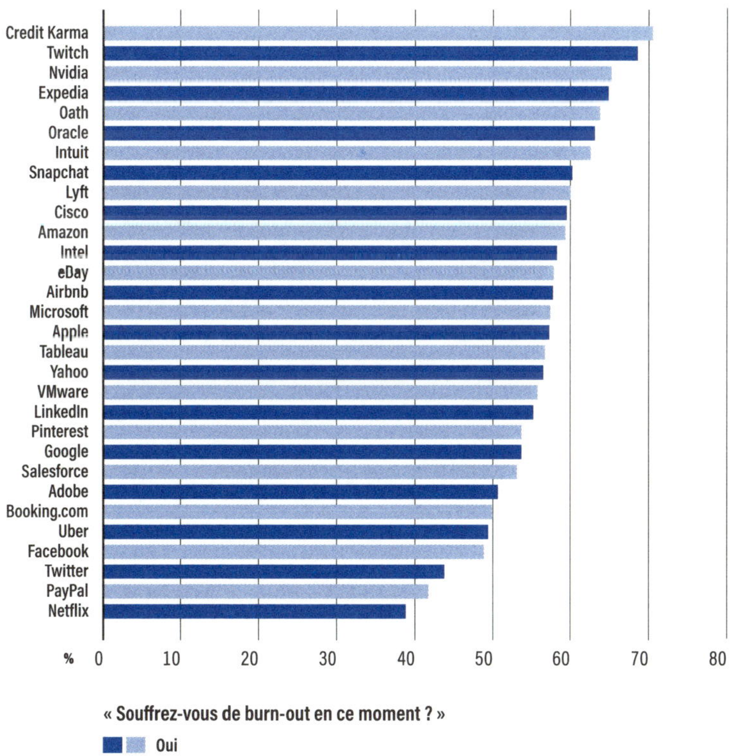

Les données sur la *big tech* sont d'autant plus révélateurs d'un malaise dans le secteur que le nombre de burn-out signalés pour l'ensemble de l'économie (américaine) est inférieur à 50 %. Mais pouvons-nous transposer ces chiffres à toutes les grandes entreprises ? Est-il exact de dire que le taux de burn-out est beaucoup plus élevé dans les grands groupes que dans les petites entreprises ? Je n'ai pas trouvé d'étude à grande échelle attestant sans ambiguïté de ce phénomène pour l'ensemble de l'économie américaine ou européenne. **Mais il existe des études intéressantes menées à plus petite échelle qui montrent que la taille de l'entreprise ou de l'institution a un impact sur le nombre de burn-out.**

Par exemple, des chercheurs ont analysé le nombre de burn-out dans le secteur des soins de santé aux États-Unis.[25] Ces études révèlent que le taux de burn-out chez les médecins qui travaillent dans de grandes organisations – hôpitaux et grandes cliniques – est passé de 45 % à 55 % en cinq ans. Ces chiffres sont comparables à ceux des grandes sociétés technologiques. C'est d'autant plus inquiétant que le rôle des médecins consiste à aider d'autres personnes à résoudre leurs problèmes de santé !

Le ratio retombe spectaculairement à 13 % chez les médecins qui gèrent leur propre cabinet ou qui travaillent dans de plus petites structures. Les chercheurs ont également constaté que les principaux facteurs de réduction du risque de burn-out étaient l'indépendance et l'autonomie dont jouissaient les prestataires de soins dans ces petites entités.

Ce paragraphe est très important et peut selon moi être étendu à de nombreux secteurs, voire à l'ensemble de l'économie. **Le burn-out est un problème complexe, mais il s'explique en grande partie par la manière dont notre économie est organisée.** Pour moi, il ne fait aucun doute que le gigantisme joue un rôle important dans l'apparition de ces maladies. L'accroissement débridé des organisations les a déshumanisées. Elles ont perdu le contact avec l'humain et utilisent son potentiel comme elles le feraient avec des robots. Les humains doivent être fonctionnels, mesurables, rationnels, libérés de toute forme d'émotion ou de liens personnels, « car cela pourrait nuire au professionnalisme. »

Bien entendu, on ne peut pas mettre toutes les entreprises dans le même panier, même si je suis convaincu que les gens courent un risque beaucoup plus élevé de burn-out dans les grandes entreprises. Dans les PME ou les petites structures, les relations entre les collaborateurs sont logiquement plus étroites. Les travailleurs aiment se sentir appréciés, ils ne demandent qu'à s'engager envers leur employeur, ils apprécient d'être écoutés et traités comme des personnes et non comme de simples numéros. Ceux qui se basent sur ces principes verront immédiatement un lien entre la taille d'une organisation et le nombre de cas de burn-out. **Si le burn-out est provoqué par la déshumanisation du travail, des responsabilités et des fonctions dans une entreprise, alors le gigantisme et le burn-out sont clairement liés.**

Espérons que d'autres études viendront étayer cette thèse. Entretemps, le nombre de cas de burn-out augmente de manière inquiétante, parallèlement au gigantisme. Cela devrait suffire à nous inquiéter et à nous pousser à appliquer le principe de précaution.

LA CENTRALISATION DES POUVOIRS PUBLICS FAIT BAISSER L'EMPATHIE

Les gouvernements ont de tout temps hésité entre proximité (décentralisation) et efficacité (centralisation). La centralisation des pouvoirs publics s'est faite en parallèle avec l'amélioration du réseau routier et des moyens de transport. Conséquence : le fossé s'est creusé entre les services publics et les citoyens.

Qu'il s'agisse des administrations, des hôpitaux ou des écoles, c'est le même constat : plus l'organisation est grande, moins il y a de place pour l'empathie. Mais ce n'est pas tout. Aux États-Unis, on a constaté que le taux de criminalité était plus

GRANDE ÉCOLE : RISQUE ÉLEVÉ D'AGRESSION

FIG. 31 **Cas d'agression dans les écoles américaines, répartis selon la taille des établissements**
Source : *Digest of Education Statistics* 2017, US Department of Education.

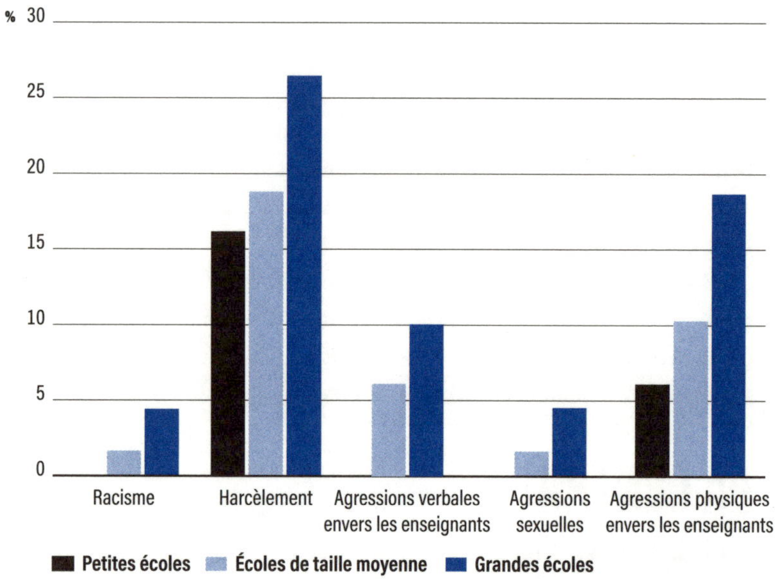

important dans les écoles de grande taille que dans les petites écoles (*cf. fig.* 32) et augmentait proportionnellement à leur taille.[26]

Nous ne parlons pas ici uniquement de grande criminalité, mais aussi de harcèlement, beaucoup plus fréquent dans les écoles de grande taille. Le harcèlement représente un des principaux problèmes et est peut-être une des causes majeures de dépression et de suicide chez les jeunes.[27] S'il existe un lien clair entre la taille d'une école et le harcèlement, cela signifie que les enfants qui fréquentent des écoles de grande taille sont plus exposés au risque de suicide.

Si les écoles de grande taille sont plus efficaces au niveau économique, cette efficacité a cependant un coût caché. Vous n'entendrez

GRANDES ÉCOLES : RISQUE DE CRIMINALITÉ PLUS ÉLEVÉ

FIG. 32 **La criminalité et la taille des écoles (États-Unis)**
Source : *Digest of Education Statistics* 2017, US Department of Education.

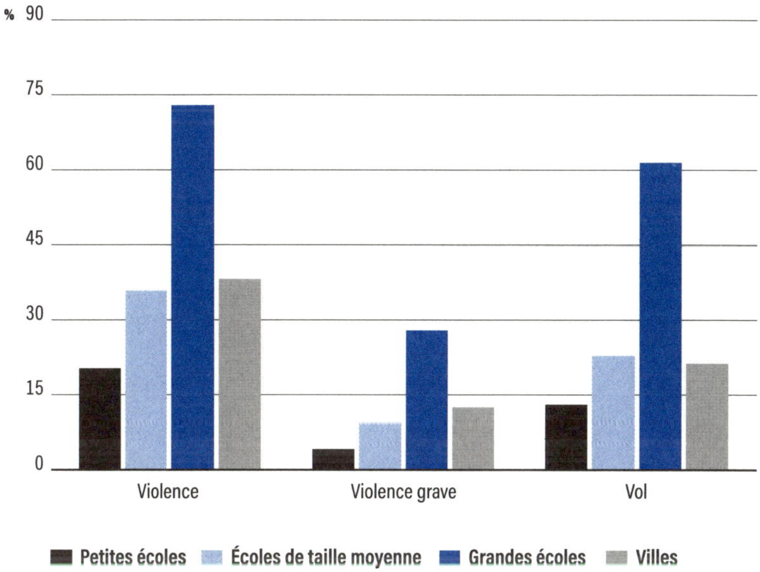

presque jamais un économiste tenir ce genre de discours et tirer cette conclusion. C'est pourquoi je plaide pour qu'une réflexion soit lancée sur la course à la taille dans les pouvoirs publics et autres services administratifs et sur les conséquences non économiques, qui dépassent de loin la criminalité, le harcèlement et le risque accru de suicide. La centralisation génère de l'aliénation, car la distance entre les citoyens et les pouvoirs publics augmente. Ce phénomène s'accompagne d'un risque démocratique à long terme, que l'on appelle « populisme ».

J'ai mené des recherches sur la qualité des services publics dans plusieurs pays : stratégie et performance des gouvernements, bonheur de la

SMALL IS BEAUTIFUL : C'EST AUSSI VRAI POUR LES PAYS

FIG. 33 Pays les mieux gérés sur le plan de la...
Source : calculs propres basés sur le programme *Best Managed Companies* de Deloitte.

Stratégie Confiance dans les pouvoirs publics	**Efficacité** Efficacité des services publics	**Implication** Bonheur de la population	**Finance** Gestion des finances
SUISSE	SINGAPOUR	NORVÈGE	NORVÈGE
INDONÉSIE	SUISSE	DANEMARK	CORÉE DU SUD
INDE	DANEMARK	ISLANDE	SUISSE
LUXEMBOURG	NORVÈGE	SUISSE	SUÈDE
NORVÈGE	HONG KONG	FINLANDE	TAÏWAN
CANADA	CHINE	PAYS-BAS	HONG KONG
OCDE	ANDORRE		
BELGIQUE			

LES PETITS PAYS S'EN SORTENT MIEUX

- **Cohésion sociale**
- **Démocratie stable**
- **Relativement indépendants des grandes entités**

population et stabilité financière. Les petits pays[H] obtiennent systématiquement de bien meilleurs scores (*cf. fig. 33*) et ce dans tous les domaines. En d'autres termes, les grands pays n'apportent pas plus de bonheur à leur population et ne sont pas plus efficaces.

Il convient bien entendu de nuancer, car il existe davantage de petits pays que de grands pays. Mais en tenant compte de tous les éléments, il est facile d'expliquer pourquoi les petits pays s'en sortent mieux : cohésion sociale, relative indépendance envers de grandes entités, plus

H La définition de « petit pays » est toujours un peu arbitraire. Il s'agit d'un rapport entre la population et la superficie. Un pays qui compte moins de 20 millions d'habitants peut être considéré comme « petit ».

grande implication. Ces éléments se retrouvent également dans la comparaison entre les grandes et les petites entreprises.

Les citoyens apprécient la proximité des pouvoirs publics, que leurs enfants ne soient pas considérés comme des numéros, et de pouvoir se rendre dans une administration proche, qui les connaît et les implique dans la prise de décision. **La place accordée à l'humain joue tout simplement un rôle capital, non seulement dans le succès d'une société au plan économique, mais également dans bien d'autres domaines.**

Ce n'est pas un hasard si la Norvège, Singapour, la Suisse, les Pays-Bas, le Danemark et la Corée du Sud obtiennent d'aussi bons résultats sur le plan de la qualité des services publics. C'est d'ailleurs pour ces mêmes raisons que les gens préfèrent les petites écoles et les petits hôpitaux.

LES MÉGAPOLES ALIÈNENT LES INDIVIDUS

Les villes – et mêmes les mégapoles – existent depuis très longtemps. À son apogée, Athènes aurait compté 500 000 habitants, Alexandrie près de 300 000. Rome fut la première ville à compter plus de 1 million d'habitants, dont la moitié étaient des esclaves.
À l'époque, elles étaient considérées comme de grandes villes, alors que leur taille est plus proche de nos villes de province actuelles. À titre d'exemple, la Chine compte aujourd'hui plus de 100 villes de plus de 1 million d'habitants. Paris, Londres, New York, Tokyo et Pékin ont pendant longtemps été l'incarnation des grandes villes. À l'heure actuelle, elles ont dû céder leur place à d'autres mégapoles.

Les mégapoles sont aujourd'hui définies comme étant des villes de plus de 10 millions d'habitants. On en compte une cinquantaine dans le monde. Tokyo, Shanghai et Jakarta arrivent en tête, avec chacune plus de 30 millions d'habitants. New York arrive tout juste à la dixième place, et Paris ne fait même plus partie du top 30. Parmi ces mégapoles, on trouve des noms dont peu d'entre nous ont entendu parler et que nous aurions du mal à situer sur une carte.

La norme actuelle est donc de « plus de 30 millions d'habitants ». Mais certains prédisent qu'à la fin de ce siècle ces villes seront considérées comme des naines. La plupart des villes qui feront partie du top 100 en 2100 ne sont aujourd'hui pas connues de la plupart d'entre vous ni même des *globe-trotters* des temps modernes. La plupart de ces mégapoles ne se situeront plus aux États-Unis ni en Europe, ni même en Asie, mais en Afrique (*cf. tableau 8*).

TABLEAU 8 Top 20 des plus grandes villes en 2100 (prévisions)
Source : Global Cities Institute, 2014.

Classement	Ville	PAYS	Population en 2100
1	LAGOS	NIGÉRIA	88,3 millions
2	KINSHASA	CONGO	83,5 millions
3	DAR ES SALAM	TANZANIE	73,7 millions
4	BOMBAY	INDE	67,2 millions
5	DELHI	INDE	57,3 millions
6	KHARTOUM	SOUDAN	56,6 millions
7	NIAMEY	NIGER	56,1 millions
8	DACCA	BANGLADESH	54,3 millions
9	CALCUTTA	INDE	52,4 millions
10	KABOUL	AFGHANISTAN	50,3 millions
11	KARACHI	PAKISTAN	49,1 millions
12	NAIROBI	KENYA	46,7 millions
13	LILONGWE	MALAWI	41,4 millions
14	BLANTYRE CITY	MALAWI	40,9 millions
15	LE CAIRE	ÉGYPTE	40,5 millions
16	KAMPALA	OUGANDA	40,1 millions
17	MANILLE	PHILIPPINES	40,0 millions
18	LUSAKA	ZAMBIE	37,7 millions
19	MOGADISCIO	SOMALIE	36,4 millions
20	ADDIS-ABEBA	ÉTHIOPIE	35,8 millions

En d'autres termes, Lagos, Kinshasa, Dar es Salam et Bombay sont les mégapoles de demain. Mais elles ne sont pas les seules : d'ici la fin du siècle, les mégapoles seront devenues un phénomène mondial, notamment parce que de nombreux scientifiques estiment que l'urbanisation apportera une solution aux défis climatiques. Une ville a en effet une empreinte écologique moins importante par habitant que *l'urban sprawl*, une tendance qu'ont de nombreux habitants à quitter les villes pour aller dans des régions à moindre densité de population, et qui utilisent beaucoup plus d'espace pour leur logement et leur jardin.

Mon avis personnel, c'est que le problème se situe plutôt du côté de l'augmentation de la population mondiale et que nous devrions mieux contrôler la démographie. Mais c'est un sujet tabou, contrairement aux mégapoles, qui sont à la mode, et qui ont la réputation d'être efficaces, car elles peuvent être entièrement automatisées, équipées de réseaux de trains, de métros, de bus et même de voitures autonomes. Elles sont un rêve pour les urbanistes.

La grande question est cependant la suivante : les gens sont-ils heureux dans ces grandes villes ? C'est une question importante, car les villes ne doivent pas uniquement être efficaces au niveau économique, elles doivent également rendre leurs habitants heureux. Les études sur le bonheur dans les villes sont rares. Comme nous l'avons dit souvent dans ces pages, les sujets importants au niveau social ne sont généralement analysés que d'un point de vue économique, et rarement sous la double dimension socio-économique.

Les villes offrent de nombreux avantages à leurs habitants. La vie y est pratique : on y trouve de nombreux produits et services, on peut se rendre à pied au travail, ce qui rend superflue la possession d'une voiture. Elles offrent aussi de nombreuses possibilités de contacts sociaux, des évènements culturels et de la diversité...

Malgré tout, elles ne sont pas réputées comme source de bonheur pour leurs habitants, en particulier lorsque la densité de population augmente. Des études démontrent que le risque de développer une maladie mentale est plus élevé dans les villes que dans les zones rurales (Gruebner, 2017), tant dans les pays émergents que dans les pays développés. Une étude suédoise (Sundquist, 2004) portant sur plus de 4 millions de personnes est arrivée à la conclusion que le taux d'occurrence de maladies mentales était supérieur dans les zones urbaines (le nombre de cas de schizophrénie y est même 70 % plus élevé qu'ailleurs). L'étude a également montré que le risque de dépression y était plus élevé, et cela dans un pays qui obtient par ailleurs d'excellents scores sur base du critère du bonheur.

Une étude publiée dans le magazine scientifique *Nature* (Abbott, 2012) a analysé le stress mental dans les villes. Elle est arrivée à la conclusion que le risque de schizophrénie y était deux fois plus élevé.[1]

Le manque d'espaces verts dans les villes est également associé aux problèmes mentaux. Une étude menée aux Pays-Bas (De Vries, 2003) révèle que le nombre de dépressions et de psychoses d'angoisse était beaucoup plus élevé chez les personnes vivant dans des zones avec moins de 10 % d'espaces verts, comparé à ceux dont l'environnement en comprenait 90 %.

L'impact des mégapoles sur les enfants n'est pas encore très clair, mais il conviendrait de réfléchir à la manière dont ils se développeront physiquement et mentalement. Les possibilités de jouer et de pratiquer un sport sont plus limitées dans les villes et entravent leur développement. Dans une société où la créativité prend de plus en plus d'importance dans les emplois du futur, il faut donc se demander si l'environnement urbain représente le cadre idéal pour la prochaine génération de créatifs. Il ne faut donc pas s'étonner qu'une étude australienne (Randolph, 2006) soit arrivée à la conclusion que les enfants qui grandissent dans des appartements deviennent plus sédentaires.

En plus de l'impact sur la créativité chez les enfants, il est logique que le risque d'obésité et d'autres maladies liées au surpoids augmente

1 Les urbanistes essaient d'en tenir compte dans la planification des villes. Tokyo a par exemple tenté de mélanger toutes les couches de la population dans un seul et même quartier. La mixité de certains services dans un quartier est également positive. Enfin, la voiture représente une source de stress potentielle dans les villes, et les mentalités évoluent dans ce domaine également.

également. Une enquête britannique (Evans, 2002) révèle que 93 % des enfants vivant dans des immeubles à appartements situés en zone urbaine souffrent de problèmes comportementaux. Ce chiffre est très supérieur à celui des enfants qui vivent dans des maisons traditionnelles. Le bonheur dépend en effet en grande partie de l'interaction sociale. Plus cette interaction est élevée, plus les gens sont heureux. Il semblerait donc que les ruraux qui habitent dans des maisons aient davantage d'interaction sociale et soient plus heureux que ceux qui habitent dans des tours situées dans des villes densément peuplées.[28]

D'autres problèmes de santé liés à l'habitat urbain commencent à être identifiés : myopie (due à l'absence de profondeur de champ) et problèmes d'audition (niveau sonore trop élevé). De plus, la qualité de l'air se détériore particulièrement dans les villes, ce qui provoque davantage de cancers et de problèmes respiratoires.

Le magazine médical *The Lancet* a écrit récemment un article[29] à propos de l'impact désastreux des mégapoles sur la santé de leurs habitants, en particulier dans les pays émergents. Les chercheurs mettent en cause la mauvaise qualité de l'alimentation et la sous-alimentation, le risque d'obésité, le prix élevé des aliments, et la pauvreté. Le magazine se réfère également à des études menées en Chine et en Egypte qui montrent que l'on compte proportionnellement plus de cas de cancer du sein dans les villes que dans les campagnes. Les médecins expliquent cette situation par la présence de grandes quantités de perturbateurs endocriniens (xénoestrogènes), comme les résidus de pesticides et les polluants industriels, par exemple les PCB (polychlorobiphényles), dioxines et métaux lourds – qui se retrouvent dans l'alimentation produite industriellement.

Vient ensuite le problème de la violence urbaine, qui touche surtout les femmes et qui augmente les risques de maladies sexuellement transmissibles.

Une étude approfondie sur la cinquième plus grande ville au monde, São Paulo (Brésil), confirme cette hypothèse. Pas moins de 30 % des habitants souffrent de problèmes mentaux. Les chercheurs ont établi un lien entre ces maladies et la densité de population. « La croissance de la population mondiale devrait surtout se faire sentir dans les mégapoles », indiquent d'emblée les chercheurs. « Cette urbanisation ne se contentera pas d'augmenter les inégalités sociales, mais aussi le stress. São Paulo (*São Paulo Metropolitan Area* ou SPMA) préfigure les problèmes de santé mentale auxquels les zones urbaines des pays émergents seront confrontées. »

Le professeur australien Tony Recsei a effectué des recherches sur l'urbanisation et son impact sur la santé et le bonheur. Comme nous, il arrive à la conclusion qu'il existe suffisamment de preuves que les gens sont plus heureux dans les zones moins peuplées. Avec le battage actuel du gigantisme, on essaie de nous convaincre du contraire. Les mégapoles constituent un rêve et une opportunité pour les urbanistes, pour certains activistes écologistes et pour des décideurs qui souhaitent contrôler les masses par des moyens très simples. Mais cette politique – qui réduit l'humain à un *homo economicus*, qui enferme les habitants dans des cages à lapins, sans contact avec leurs semblables – est contraire à la nature humaine. L'interaction sociale, la liberté, l'autonomie et le contact avec la nature sont des ingrédients essentiels du bonheur. L'urbanisation galopante et la création de mégapoles sont une conséquence du gigantisme, en contradiction flagrante avec ce qui rend les gens heureux.

La décentralisation et l'augmentation du rôle des petits pays et des petites villes peuvent faire contrepoids au gigantisme galopant. Les données reprises dans ce chapitre démontrent d'ailleurs clairement que les villes doivent conserver une taille humaine si elles veulent rester viables. Les mégapoles ne rendent pas les gens plus heureux. Il faut donc poser certaines limites et conditions si nous voulons éviter tout nouveau dérapage.

LES DÉRAPAGES DÉMOGRAPHIQUES SACRIFIENT L'INDIVIDU AU BÉNÉFICE DES MASSES

La population mondiale est restée quasiment stable jusqu'au début du XIXe siècle, avec près de 1 milliard d'habitants. Ensuite, elle a commencé à augmenter jusqu'au début du XXe siècle. Après la Seconde Guerre Mondiale, cette croissance s'est accélérée, avec une moyenne de 2 % par an jusqu'au début des années 1980. La croissance a ensuite ralenti à 1 % par an mais, entretemps, la population mondiale avait déjà atteint 5 milliards de personnes.

Aujourd'hui, nous avons dépassé le cap de 7 milliards d'individus. Alors que la croissance démographique s'est quelque peu tassée en Occident – et est même négative dans certains pays –, elle explose littéralement sur le plus grand continent du monde, l'Afrique. D'après les prévisions des Nations Unies, la population africaine devrait passer d'un peu plus de 1 milliard de personnes au début du XXIe siècle à 4,5 milliards d'ici 2100. Les Africains devraient ensuite dépasser les Asiatiques en termes de population.

Pour la planète, cette évolution signifie que nous passerons de 7,5 milliards d'habitants à plus de 11 milliards. En à peine deux siècles, la population mondiale aura été multipliée par 7 et, si nous remontons au début de la révolution industrielle, nous pouvons même parler d'un coefficient multiplicateur de 14.

La croissance démographique de l'Afrique n'est pas le seul problème. Il faut aussi compter avec l'augmentation de l'espérance de vie. Le médecin et professeur suédois Hans Rosling[30] déclare à juste titre que la population mondiale augmente aussi parce que nous vivons plus longtemps. Par ailleurs, les technologies appliquées à la médecine devraient continuer à s'améliorer, ce qui augmentera encore notre longévité.

À l'heure actuelle, on se prépare déjà à loger et à nourrir ces milliards de futurs terriens en construisant de grands navires, de grands ports et de grandes villes. Même s'il existe de nombreuses preuves que la croissance démographique génère du gigantisme – qui provoque à son tour des maladies, de la criminalité et des inégalités et rend les humains moins heureux –, aucun leader n'ose aujourd'hui aborder cette problématique.

Le dérapage de la croissance démographique est non seulement une menace directe pour le tissu socio-économique, mais aussi pour le climat. **Le refus d'aborder ce problème n'est pas dû à une absence de faits ou de données scientifiques, mais à l'absence de courage politique et de sens des réalités.**

Les loups de Yellowstone

Ce livre parle d'équilibre et, dans ce domaine, la nature est toujours un exemple parfait. C'est notamment pour cette raison que je suis fan de nature et en particulier de la nature sauvage, des grands parcs naturels, des montagnes et des zones désertiques. En effet, quoi qu'il arrive, la nature trouve toujours un nouvel équilibre. Elle prend cependant le temps nécessaire pour s'adapter et les changements ne deviennent visibles qu'après un certain temps. Pendant les vacances, vous aurez donc plus de chance de me trouver au milieu de la nature que sur une plage bondée – cette dernière étant par ailleurs une belle illustration du gigantisme et de l'industrialisation du tourisme.

Le parc national de Yellowstone aux États-Unis est un endroit fantastique. On peut bien entendu y aller en touriste mais, pour les vrais amateurs, le parc recèle aussi des endroits moins connus et plus sauvages. Dès que vous vous éloignez des sentiers, vous ne rencontrez plus le moindre touriste.

En 1907, les gestionnaires du parc avaient – sous la pression du monde politique – mis en place un plan d'éradication des prédateurs pour protéger le bétail. Les chasseurs ont obtenu le feu vert pour abattre les loups et, moins de 20 ans plus tard, les loups avaient complètement disparu. En conséquence, les wapitis ont pu se reproduire sans limites. Résultat :

un phénomène de surpâturage, qui a fait disparaître de nombreuses essences de plantes et d'arbres. Pour les mêmes raisons, Yellowstone a dû faire face à l'érosion des berges de la rivière avec tous ses inconvénients.

Un film sur YouTube – qui a été visionné des dizaines de millions de fois – parle de la réintroduction des loups à Yellowstone en 1995. Même si à peine 31 loups ont été réintroduits sur le territoire, leur arrivée a eu un énorme impact sur le parc.[J] Ils ont chassé les wapitis, qui n'avaient plus que peu d'ennemis naturels, et ont fait baisser leur nombre de manière spectaculaire (*cf. fig. 34*). Les wapitis se sont également éloignés des berges de la rivière, fréquentées par leurs prédateurs, et les arbres et arbustes ont à nouveau pu se développer. La nouvelle végétation a freiné l'érosion et reconstitué les méandres de la rivière. En d'autres termes, la présence de quelques loups a totalement transformé le paysage de Yellowstone.

La nature nous apprend que de petits changements peuvent avoir d'importantes conséquences. L'exemple de Yellowstone montre que, si vous faites face à un gros problème, il n'est pas nécessaire d'utiliser de grands moyens. Une des solutions pour combattre l'érosion de la rivière de Yellowstone aurait pu consister à construire un barrage. Sa construction aurait créé un immense chantier qui aurait occupé des ingénieurs pendant de nombreuses années, donné du travail à des milliers d'ouvriers et nécessité l'utilisation de millions de tonnes de ciment transportées par des milliers de camions. Mais la solution choisie fut de réintroduire quelques loups.

Il en va de même avec le gigantisme : nous devons apprendre à penser « plus petit » et à rendre sa santé à notre économie en optant pour des mesures minimalistes en apparence, mais plus proches de la nature (humaine).

L'histoire nous a appris que les dinosaures étaient plus vulnérables aux changements climatiques que les plus petits organismes tels que les

---

J Certains scientifiques estiment que la « vidéo YouTube » n'est pas suffisamment scientifique. Mais les chercheurs de Yellowstone n'ont aucun doute sur l'impact des loups. Seule l'extrapolation peut éventuellement être discutée.

QUELQUES JEUNES LOUPS PEUVENT FAIRE LA DIFFÉRENCE

FIG. 34 Nombre de wapitis à Yellowstone 1923-2016.
Source : Yellowstone Science.

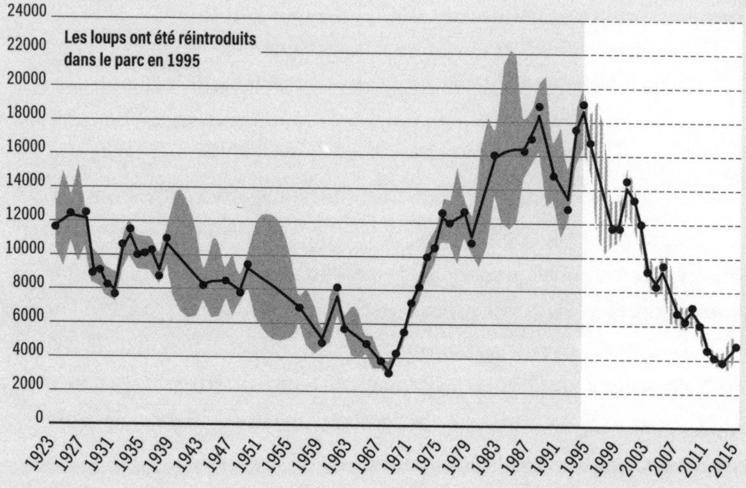

insectes et les rongeurs. Les dinosaures ont disparu tandis que les « petits » ont survécu. Aujourd'hui, la surpopulation représente le principal problème de l'humanité. Nous ne le résoudrons pas en construisant des infrastructures pour loger et nourrir une population susceptible de passer de 11 à 20 milliards d'individus, mais en faisant en sorte que les humains vivant aujourd'hui sur Terre adoptent un mode de vie plus durable et limitent le nombre d'enfants.

L'impact du gigantisme sur la société est évident. Les grandes entités offrent des avantages comme les économies d'échelle, mais leurs conséquences sociales sont souvent néfastes : stress, obésité, pollution de l'air, cancers, burn-out, etc. L'humain ne se trouve pas au centre de cette course au gigantisme et cette déshumanisation de l'économie a plusieurs visages. L'exemple de Yellowstone nous montre comment il est possible de faire évoluer un écosystème grâce à de petits changements, comme la réintroduction de quelques loups.

Il ne faut pas s'étonner qu'un Walmart, un IKEA, un immeuble à appartements ou – à l'inverse – un grand parc ou quelques plaines de jeux aient un impact important sur la société. Nous sous-estimons systématiquement les conséquences négatives des grandes décisions économiques prises sur de longues périodes. Au même moment, nous fermons les yeux sur l'importance du « petit » dans notre environnement.

J'espère que ce livre réveillera les consciences et encouragera les décideurs politiques à prendre de petites mesures susceptibles d'avoir de grands effets. **Les loups de Yellowstone sont une métaphore du pouvoir qu'ont les petites choses de rééquilibrer tout un écosystème en quelques décennies à peine.**

CHAPITRE 5

DE L'OBSESSION DE LA CROISSANCE À UNE CROISSANCE DURABLE

Le mot «économie» vient du grec ancien *oikos* (“maison” ou “famille”) et de *nomos* (“règle”). **L’économie régit donc la manière dont les gens interagissent.** En d’autres termes, c’est elle qui définit les règles du jeu qui déterminent au fil du temps l’évolution des performances.

Aujourd’hui, ces règles du jeu semblent encourager – parfois exagérément – le gigantisme, avec des conséquences qui dépassent de loin les seuls aspects économiques. Elles touchent toutes les facettes de l’humain et de la société. Outre des aspects positifs (biens de consommation bon marché, efficience et uniformisation par exemple), elles ont aussi de nombreuses conséquences négatives, que nous avons décrites dans le chapitre précédent. Les dégâts provoqués par le gigantisme sont énormes, ne feront que s’accentuer au fil du temps, et toucheront de plus en plus d’acteurs du jeu économique.

Les frustrations suscitées par ce phénomène peuvent conduire au rejet pur et simple du système économique que nous connaissons aujourd’hui: rejet du commerce, de la collaboration internationale, des entreprises, du capitalisme, de l’économie, etc. Certains ont baptisé ce mouvement populisme, radicalisme, anarchisme, anti mondialisme, etc.

Car en réalité, l’économie n’existe que grâce aux personnes qui travaillent ensemble, échangent des biens, résolvent des problèmes, cherchent de nouveaux médicaments. Economie = Homme. L’humain ne peut être sacrifié sur l’autel de l’efficacité.

Il faut dire que les humains sont d’éternels insatisfaits. Ils sont toujours curieux de découvrir de nouvelles choses, de faire de nouvelles expériences. C’est ce que nous appelons le progrès. Il existe un risque d’exagération dans l’autre sens, qui marquerait la fin du progrès. Certains prônent par exemple la décroissance ou la stagnation. L'absence de progrès est pourtant une autre forme d'aliénation de l'humain.

LA CROISSANCE EST UN PHÉNOMÈNE NORMAL

Pour la plupart des profanes, la croissance économique est un **concept abstrait**, ce qui s'explique par son côté intangible : la croissance économique telle que nous la connaissons – c'est-à-dire entre 0,5 et 1,5 % par an – passe relativement inaperçue. À l'exception des cas extrêmes, par exemple pendant les périodes de haute conjoncture ou de récession, personne ne remarque si l'économie se porte bien ou mal. La croissance moyenne est trop faible pour être visible d'une année à l'autre. Mais si l'on se réfère à une période de dix ans, les progrès se remarquent, sous la forme notamment « d'amélioration du confort ». Il y a dix ans, nous possédions un poste de télévision, une voiture et un réfrigérateur, aujourd'hui nous disposons d'un système de climatisation, d'un smartphone, de jeux électroniques pour les enfants, et bien entendu d'un abonnement à Netflix.

Ces deux derniers siècles, la croissance moyenne de l'économie occidentale a été d'environ 2 % par an, mais elle n'a pas toujours été linéaire. Nous avons connu des périodes de croissance rapide (comme les *Golden Sixties* au siècle dernier), mais aussi de faible croissance (comme au début du 19e siècle). Une croissance de 2 % peut sembler très faible à première vue, mais en réalité, elle permet de doubler le niveau de bien-être tous les 35 ans. Cela donne une autre image de la réalité et montre que l'impact de la croissance sur le long terme est tangible et loin d'être négligeable.

Avant la révolution industrielle, on pouvait à peine parler de croissance économique et, pendant certaines périodes, cette croissance a même été négative. Par exemple, l'économie occidentale a stagné pendant le premier millénaire de notre ère, en grande partie à cause de la chute de l'Empire Romain et de la période sombre qui a suivi en Europe.

À partir de l'an 1500, les progrès sont devenus plus visibles, même si la croissance ne dépassait pas 0,5 % par an. À cette époque, les Pays-Bas faisaient la course en tête avec une croissance économique de 0,6 % par an. En termes actuels, avec de tels niveaux, nous aurions plutôt tendance à parler de stagnation.

Peut-être sous-estimons-nous la croissance au cours de cette période, car beaucoup de progrès technologiques ont été accomplis. Nous pouvons même parler de première vague de mondialisation, avec des échanges commerciaux avec l'Asie, l'Afrique et l'Amérique latine, sans oublier la construction navale, la navigation et le secteur financier, qui ont connu de grands bouleversements.

Malgré tout, la croissance était limitée. Les économistes ne se sont pas encore mis d'accord sur les causes réelles. Certains d'entre eux, comme le démographe et économiste britannique Thomas Malthus (1766–1834), ont développé une vision pessimiste, persuadés que l'homme se heurterait toujours à des limites de matières premières et de denrées alimentaires.

Les gains de productivité étaient aussi très limités, parce que les principales sources d'énergie étaient encore la force musculaire humaine et animale. Ce n'est qu'avec l'invention des machines, et surtout depuis l'émergence du pétrole comme principale source d'énergie, que l'homme a pu réaliser d'importants gains de productivité, boostant ainsi la croissance économique.

Après 1820, la croissance s'est nettement accélérée grâce à un phénomène que nous avons appelé « révolution industrielle », même s'il aurait plutôt mérité le nom de « période capitalistique ».

À l'heure actuelle, la croissance occidentale est plus lente qu'en Orient. La Chine affiche des chiffres de croissance presque deux fois plus élevés qu'en Occident, même si ce rythme de croissance a presqu'été divisé par deux par rapport à la décennie précédente. Depuis 1973, la croissance moyenne en Chine se monte à 7,5 % par an, ce qui correspond à un doublement de la richesse tous les dix ans. Ce rythme s'est ralenti, mais c'est tout de même la croissance chinoise qui contribue le plus à la croissance de l'économie mondiale. L'Inde et d'autres pays asiatiques affichent également des chiffres de croissance impressionnants.

Une croissance zéro serait du pur non-sens pour diverses raisons et n'est certainement pas la solution au gigantisme ou aux autres excès de l'économie. En effet, la croissance économique est une conséquence logique de différents processus et elle ne peut tout simplement pas être arrêtée. Elle doit son origine à plusieurs facteurs.

Croissance démographique élevée : la croissance par les berceaux

Les pays à forte croissance démographique affichent une forte croissance économique. Le PIB (Produit Intérieur Brut) – c'est-à-dire l'ensemble des revenus générés par un pays – augmente au fur et à mesure que la population (en croissance) participe à la vie économique. Pour comparer les performances économiques de différents pays, les économistes calculent la hausse du PIB *per capita*, c'est-à-dire, par habitant. Cela leur permet d'objectiver les différences dues à la croissance démographique. L'immigration est une autre source de croissance démographique. Elle est par exemple un facteur important aux États-Unis, mais de plus en plus également en Europe occidentale. La différence de croissance entre les États-Unis et l'Europe s'explique d'ailleurs presque entièrement par des facteurs démographiques. Selon les données de la Banque Mondiale, la croissance annuelle *per capita* (donc corrigée pour tenir compte de la croissance démographique) était de 1,4 % dans l'Union Européenne entre 1998 et 2018, contre 1,3 % aux États-Unis. Les autres causes ne sont que le résultat d'astuces comptables, car dans le monde économique également, les pays aiment présenter leurs performances de manière aussi attrayante que possible.

Convergence : suivez le leader

Les coureurs cyclistes savent qu'il est plus facile de rouler derrière son adversaire que devant. Les choses ne sont pas différentes en économie : les pays qui affichent la plus forte croissance doivent souvent cette performance au fait qu'ils sont aspirés par le niveau de richesse des autres pays qui font la course en tête. L'Europe de l'Est par exemple a longtemps été tirée par le niveau de prospérité de l'Europe occidentale. L'Europe a profité des États-Unis pendant des années. La Chine a été tirée en avant par la richesse de l'Occident au moment où Pékin & Co s'ouvrait au reste du monde. Résultat: pour le leader, l'avance devient à un moment donné un handicap, car les autres pays le copient, en proposant toutefois des modèles améliorés.

Avancées technologiques: la croissance par le leadership

Un pays qui bénéficie de technologies et de savoir-faire plus avancés pourra à terme afficher un meilleur taux de croissance économique. Les différences seront cependant peu spectaculaires étant donné que les autres pays adopteront progressivement ces mêmes technologies.

Une croissance musclée n'est donc pas par définition synonyme d'économie solide, car elle peut s'expliquer par une forte croissance démographique. Une croissance élevée *per capita* peut aussi s'expliquer par un effet d'aspiration ou de convergence.

Et si on examine les origines de la croissance, on arrive à la conclusion qu'une croissance zéro n'est pas tenable. Il n'existe aucun traité mondial ou régional régulant la démographie. Les frontières et les échanges commerciaux sont ouverts, et la convergence est donc naturelle. Il n'y a non plus aucune interdiction frappant les progrès technologiques. Donc même si l'Europe décidait de stopper sa croissance, elle ne pourrait pas l'imposer au reste du monde. Par ailleurs, elle s'appauvrirait rapidement et les Européens passeraient à côté des avancées technologiques qui continueraient à se développer dans le reste du monde.

Les défenseurs de la croissance zéro ignorent donc tout des sources de la croissance économique. Car la croissance ne signifie pas nécessairement «plus». Elle peut aussi signifier «mieux». Imposer la croissance zéro reviendrait à cesser de rechercher des solutions énergétiques émettant moins de CO_2, des possibilités de réduire les quantités de plastique déversées dans nos rivières, mers et océans, et de développer de nouveaux médicaments contre le cancer. La croissance zéro signifierait également que l'on interdise d'être créatif, que l'on retire à la nouvelle génération l'envie de rendre le monde meilleur. Lorsque vous leur expliquez tout cela, les défenseurs de la croissance zéro vous regardent alors avec des yeux incrédules.

Cela ne signifie pas non plus que nous devions rechercher la plus forte croissance à tout prix. À mon avis, une croissance supérieure à 2 % par an n'est possible que si l'on injecte des hormones de croissance dans l'économie, avec tous les excès qu'elles génèrent.

Nous pourrions prendre comme règle de base qu'une économie développée croît de 0,5 à 1,5 % par an, de manière plus ou moins comparable à son évolution démographique. Lorsque je plaide en faveur d'une économie « plus lente », je ne parle donc pas de « stagnation » de l'économie. Ici aussi, la nature peut nous servir de source d'inspiration : les arbres qui grandissent vite sont moins solides, ceux qui grandissent lentement vivent plus longtemps et résistent mieux aux tempêtes et aux crises. Une croissance économique rapide crée non seulement des excès comme l'endettement et des bulles spéculatives, mais déstabilise les communautés, tandis qu'une croissance économique lente donne aux citoyens suffisamment de temps pour s'adapter.

QUELS SONT LES PROBLÈMES LIÉS À LA CROISSANCE ÉCONOMIQUE ?

La croissance économique actuelle entraîne des problèmes dus à l'augmentation de la consommation d'énergie et de la pollution. Il existe un lien évident entre les émissions de CO_2 et les dérèglements climatiques que nous connaissons, de même qu'il y a un rapport entre la quantité de CO_2 rejetée dans l'atmosphère et notre modèle économique actuel, qui nécessite d'énormes quantités d'énergie, essentiellement d'origine fossile. Mais ces conséquences s'expliquent moins par la croissance économique en tant que telle que par la nature même de notre système économique. Plus encore, la croissance économique future sera dans une large mesure la conséquence des solutions que nous cherchons pour contrer et compenser les effets négatifs du système économique actuel.

L'erreur la plus courante de la part des profanes et des leaders d'opinion irresponsables, c'est de considérer la croissance comme un problème et non pas comme une solution. **Préconiser une croissance durable est une autre histoire, et j'y adhère totalement.** Mais elle est difficile à réaliser. Il est aussi indispensable de comprendre quels sont les facteurs qui déclenchent une croissance non durable – ce sont d'ailleurs en partie les mêmes que ceux qui déclenchent le gigantisme.

En d'autres termes, si nous parvenons à mieux comprendre ce qu'est la croissance durable et que nous réussissons à l'encourager, le gigantisme restera sous contrôle. Inversement, si nous supprimons les incitants du gigantisme, nous franchirons un pas en direction de la croissance durable.

La croissance économique actuelle est non seulement négative pour l'environnement, mais elle n'est pas « neutre » pour les générations suivantes. La génération actuelle stimule autant que possible la croissance économique sans penser aux conséquences pour l'avenir. La pollution et la hausse de l'endettement, que j'ai déjà mentionnées à plusieurs reprises, en sont de beaux exemples. Finalement, les dettes sont une manière d'acquérir dès aujourd'hui ce que l'on serait en mesure d'acheter dans plusieurs années. En d'autres termes, l'endettement *anticipe* la croissance économique. On pourrait argumenter que lorsqu'il s'agit d'investissements – comme la construction de logements et d'écoles, l'achat de matériel informatique et la construction d'infrastructures – cet endettement a un impact positif. Mais ce n'est vrai qu'en partie, car dès que l'on crée de la surcapacité, tout excès dans les investissements aggrave encore la situation.

Prenons par exemple les voitures ou les biens de consommation : s'il y a surcapacité et que les autorités encouragent à investir encore davantage en rendant le crédit abordable – la baisse des taux est en ce sens un outil redoutable –, le problème ne fera que s'aggraver. En cas de panne de la croissance, certains gouvernements sont d'ailleurs tentés de prendre des mesures que l'on appelle keynésiennes, c'est-à-dire le lancement de grands travaux d'infrastructures qui seront financés par de l'endettement. Ceux-ci sont non seulement improductifs au niveau économique, mais représentent une atteinte à la nature et à l'Homme. Les éléphants blancs keynésiens[K] encouragent encore davantage le gigantisme.

Les dettes souveraines des pays sont une des principales raisons pour lesquelles les États encouragent une croissance économique extrême, malgré tous ses effets négatifs. La plupart des pays et des États sont en effet fortement endettés, non seulement sous forme de dettes visibles (la dette publique), mais aussi moins visibles, comme des promesses pour lesquelles aucune réserve n'a été constituée. Il est toujours très tentant pour les politiciens de faire des promesses, en particulier en période électorale. Et il est tout aussi tentant de repousser à plus tard des problèmes qui ne peuvent être résolus par de l'endettement ou qui exigent la constitution de réserves. La plupart des pays ne disposent pas de réserves suffisantes pour financer les pensions, la hausse du coût des soins de santé, des mesures favorables à l'environnement et au climat.

À l'heure actuelle, les gouvernements ont tout intérêt à stimuler au maximum la croissance, car sans cette croissance, certains systèmes imploseraient. Ce qu'ils doivent comprendre, c'est qu'une politique soutenue par l'endettement provoque des excès comme le gigantisme, mais aussi des surcapacités (qui conduisent à la déflation) ou des conséquences sociales négatives (par exemple trop d'emplois sans véritable contenu, trop de freins à l'innovation, une absence de création d'emplois et d'esprit d'entreprise). Les banques centrales sont ici les complices des gouvernements.

K Les « éléphants blancs » désignent des travaux d'infrastructure inutiles, des investissements qui n'ont aucune utilité économique ou dont l'entretien ne peut être assuré. Ce sont des investissements chers par comparaison avec leurs avantages économiques potentiels.

Le maintien en l'état de l'ancien système financier est devenu un objectif majeur poursuivi par des gouvernements aveugles, qui préfèrent ignorer l'impact à long terme de leurs interventions sur l'économie réelle et sur la société. Le système financier joue un rôle important, certes, mais il s'auto-stabilise à long terme. S'il nécessite en permanence des mesures de soutien, c'est soit qu'il souffre d'un problème structurel, soit que les gouvernements ne sont pas satisfaits des signaux envoyés par le système financier.

Lorsqu'une devise est sous pression, le gouvernement essaie généralement de la soutenir via des rachats. Mais si les rachats se répètent trop souvent, ce type d'intervention n'atteint jamais ses objectifs. Par contre, si les marchés financiers sont convaincus qu'un gouvernement prend des mesures pour résoudre le problème, la pression sur la devise disparaît instantanément.

Lorsque le système financier se retrouve sous pression suite à une panique passagère, l'intervention des pouvoirs publics peut se justifier. Mais tout soutien prolongé des cours de change, des taux d'intérêt et des cours des actions – à l'image de ce que nous observons aujourd'hui – est révélateur de l'existence de problèmes économiques profonds. Le système financier est un baromètre de l'économie. Il peut indiquer qu'une tempête se prépare et pousser les décideurs politiques à prendre des mesures qu'ils ne prendraient pas ou n'oseraient pas prendre dans d'autres circonstances. **Si ce baromètre est manipulé à long terme, nous n'avons aucune idée de la météo qui nous attend. Les autorités créent une serre économique artificielle où les habitants pensent que tout va bien et qu'il n'y a aucun problème climatique. La durabilité est tout le contraire de cette politique.** L'économie réelle ne s'effondrera pas parce que le système financier est temporairement sous pression, au contraire. Les récessions ont toujours existé. Il n'est pas naturel de faire obstacle aux récessions et de prendre des mesures économiques de manière prolongée, car elles provoquent les excès que nous constatons actuellement.

Les gouvernements ne reculent devant rien pour stimuler la croissance. Comme nous l'avons expliqué, la croissance démographique est un facteur de la croissance économique, même si cette croissance démographique est neutre pour la croissance sous-jacente réelle, qui est alimentée par les progrès technologiques. Mais il est tentant pour les gouvernements de jouer cette carte : certains pays considèrent encore que la fertilité joue un rôle important et essaient de maintenir la croissance naturelle. Le Japon, dont la population décroît, est considéré comme l'exemple à éviter, alors qu'en réalité, il n'est pas confronté à un problème économique, avec une croissance *per capita* du pays comparable à celle de l'Europe et légèrement inférieure à celle des États-Unis. Le Japon est un pays qui affiche de hauts niveaux de productivité et qui dispose de bonnes institutions, de technologies de pointe et d'entreprises compétitives. Il est cependant confronté à un endettement astronomique et à un problème de pensions tout aussi inquiétant. Ce qui est bien entendu problématique si la population décroît.

En d'autres termes, la politique économique est davantage centrée sur d'autres objectifs que l'économie réelle, comme les pensions, l'endettement ou les cours de change, pour n'en citer que quelques-uns. Cette stratégie a des conséquences importantes dans d'autres domaines de la société, que nous avons déjà largement abordés. **La recherche aveugle de la croissance économique à tout prix sera une des principales causes des crises économiques du futur.**

Selon certains, la croissance zéro pourrait être une solution aux dérapages économiques. Mais comme nous l'avons indiqué, elle ne ferait qu'aggraver les problèmes. De plus, ces pistes de réflexion vont totalement à l'encontre de la tendance intrinsèquement humaine à vouloir toujours faire mieux et à innover.

Cela étant dit, la politique économique actuelle n'est pas davantage durable. Les gouvernements et les banques centrales sont à l'origine du dérapage économique, qui prend chaque année des proportions de plus en plus inquiétantes. La voie médiane – la croissance durable – n'est pas un concept « fourre-tout ». C'est ce que nous comptons démystifier.

CROISSANCE DURABLE

Pendant des années, les économistes ont adopté une vision étroite de leur domaine de compétence. L'économie ne s'embarrassait pas de trop d'éléments et se limitait généralement au PIB et à son optimisation.

Aujourd'hui encore, des générations entières d'économistes ont été formées dans des univers économiques très théoriques, où les pays commercent entre eux et cherchent des avantages comparatifs, sans tenir compte de l'impact social et environnemental de ces échanges. Ces mêmes économistes n'apprécient guère d'être critiqués pour leur vision simpliste du monde réel et se cachent derrière des comparaisons pseudo-mathématiques pour faire croire que l'économie est une science exacte, ce qu'elle n'est pas.

Par exemple, la théorie économique considère que le libre échange est toujours et partout bénéfique, et que tout frein aux échanges commerciaux doit être évité à tout prix, sous peine de voir l'économie reculer. Ce dogme a conduit à des échanges internationaux débridés, qui ont fini par provoquer de la résistance. J'éprouve de la sympathie pour les protestations contre le traité de libre-échange CETA entre l'Union Européenne et le Canada. Ce sont d'ailleurs surtout de petites régions comme la Wallonie qui se sont farouchement opposées au traité.

Je ne prétends pas qu'il faille renoncer aux échanges internationaux, mais il faudrait enfin commencer à tenir compte de leur impact sur la société ainsi que sur l'environnement. Le commerce avec la Chine a beau être optimal d'un point de vue strictement économique, il a de lourdes conséquences sociales. Certaines d'entre elles sont très positives pour la Chine (création d'emplois, recul de la pauvreté), mais d'autres sont négatives (travail des enfants, non-respect des normes de santé et de sécurité et pollution énorme). Les choses ne sont pas très différentes de l'autre côté du spectre commercial : baisse des prix des biens de consommation, mais disparition de certaines compétences et activités.

Les universités forment encore trop souvent des économistes « classiques », qui cherchent à « optimiser » l'économie dans des cadres de réflexion purement théoriques. Par conséquent, les simulations des chocs entre l'offre et la demande sont imposées, avec tous les effets possibles sur les dépenses publiques, les investissements et la consommation. Mais les économistes sont rarement encouragés à voir plus loin que leur strict domaine de compétence et à prendre en compte l'impact des mesures qu'ils préconisent sur l'humain, la société, le bonheur ou la santé.

L'économiste britannique Richard Layard, qui dans son livre *Happiness* a cherché de nouvelles stratégies économiques et de gouvernance pour rendre la société plus heureuse, a repoussé les limites. De nombreux confrères lui ont emboîté le pas, comme le Français Thomas Piketty qui a secoué le monde politique en démontrant dans son livre – *Le capital au XXIe siècle* – l'impact du capital sur les inégalités. Même si le travail de Piketty contient à mon avis des erreurs fondamentales – les séries chronologiques sur le capital ont par exemple un important *bias to winners*,[L] ce qui signifie que les pertes en capitaux sont sous-évaluées, par exemple à cause des guerres des faillites et autres confiscations[31] –, il a énormément élargi le terrain de jeu et la vision des économistes. Kate Raworth, économiste du département des changements climatiques de l'Université d'Oxford, a publié en 2017 son ouvrage *Donut Economics*[32] où elle relie l'économie dans une large mesure aux limites de la terre et du climat.

Beaucoup de ces penseurs sont considérés comme étant « de gauche » par les économistes « classiques ». Un qualificatif qui n'apporte rien. Il n'y a rien de gauchiste dans le fait de refuser d'avoir une vision étroite du domaine économique et de vouloir l'élargir à la société, à l'environnement et à l'humain. L'économie, les sciences climatiques et la philosophie

L *Bias to winners*: les résultats sont influencés par les gagnants, les meilleures entreprises. Les moins performantes ne sont pas intégrées dans l'indice et sont remplacées par les meilleures. Résultat : l'indice se compose surtout d'une poignée d'entreprises de premier plan, et n'est pas toujours représentatif de l'ensemble des entreprises d'une économie donnée.

doivent collaborer pour proposer de nouvelles visions susceptibles de rééquilibrer l'économie. Ce n'est pas être « de gauche », mais tout simplement faire preuve de bon sens.

La durabilité est une question d'équilibre, de vision à long terme, et de respect de l'Homme et de la nature. C'est pourquoi ce concept peut être défini simplement :

- **La croissance durable n'a pas d'impact sur les générations futures**
  Absence de nouvelles dettes, sauf pour des investissements productifs ; pas de dégâts environnementaux à réparer plus tard, pas de dommages à nos semblables et à notre planète.
- **La croissance durable ne provoque pas de distorsions sociales**
  La croissance durable épargne l'Homme et la société et ne favorise pas une classe sociale au détriment d'une autre.

C'est pourquoi il est tellement difficile de comparer la croissance économique entre pays et régions. La croissance durable peut être plus lente dans un pays, mais s'accompagner d'un renforcement de la cohésion sociale et d'une réduction de l'empreinte écologique, voire de l'endettement. L'Allemagne, la Suisse, les pays scandinaves et les Pays-Bas ne sont pas des champions de la croissance, mais obtiennent de bons scores sur le plan de la durabilité.

Il existe aussi une définition plus simple : la croissance qui mène au gigantisme n'est pas une croissance durable. Plus encore : notre économie repose de plus en plus souvent sur des géants compétitifs d'un côté et un nombre croissant de sociétés « zombies » de l'autre. Ce sont les deux faces de la même médaille économique.

GÉANTS ET ZOMBIES

Dans les chapitres précédents, nous avons déjà énuméré de nombreuses conséquences négatives du gigantisme, en particulier sur le plan socio-économique. Cela fait longtemps que les économistes se penchent sur les causes du ralentissement de la croissance de la productivité au cours des dix dernières années – qui est même négative dans certains pays – alors que les progrès technologiques s'accélèrent. La hausse de la productivité était très élevée dans les années 1990, mais s'est mise à ralentir lorsque la bulle technologique a éclaté juste après l'an 2000. Depuis lors, la tendance est à la baisse.

En réalité, c'est paradoxal: on s'attendrait plutôt à ce que le *boom technologique* booste la productivité. Les statistiques se sont révélées tellement contraires à leurs intuitions que certains économistes se sont mis à douter de leur exactitude. À tort, car le problème ne situe pas au niveau de la mesure. En effet, le calcul du PIB a été modifié pour tenir compte de ces améliorations qualitatives (technologiques): 20 % du PIB américain sont déterminés par des ajustements dits «hédoniques» (adaptation tenant compte de la qualité). Certains considèrent cette adaptation comme «du vent» parce qu'elle n'est pas tangible. Il s'agit d'améliorations de la qualité qui ne sont pas intégrées dans le prix: votre PC est plus rapide, votre téléphone plus intelligent et votre voiture plus sûre (et plus intelligente), alors que les prix de tous ces appareils sont restés stables et dans certains cas ont même baissé. Il est donc logique que nous prenions en compte ces améliorations dans le calcul du PIB. La plupart des pays de l'OCDE utilisent cette méthode hédonique d'évaluation, à l'instar des actifs immatériels (intangibles), qui représentent désormais une part importante du PIB.

Si la baisse de la productivité n'est pas un problème de mesure, peut-être est-elle alors un problème de timing? C'est la théorie d'Erik Brynjolfsson et d'Andrew McAfee, deux chercheurs du prestigieux Massachusetts Institute of Technology à Cambridge (USA) et auteurs du livre *Race Against the Machine*. Le duo part du principe que les grands changements sont encore à venir.

Hélas, les économistes sont rarement d'accord entre eux. Un autre célèbre économiste américain, Robert Gordon, se montre lui plutôt pessimiste. Il estime que l'innovation n'est pas tellement spectaculaire, qu'elle tient trop du gadget et a trop peu d'impact sur la productivité.

Dans tous les cas, estime Gordon, l'innovation ne réussira pas compenser les effets négatifs de la démographie (vieillissement de la population).

Les macro-économistes ne sont donc pas unanimes sur les causes de ce phénomène. Mais cela s'explique peut-être par leur approche trop « macro », alors que la réponse se situe peut-être au niveau des entreprises, donc au niveau « micro ». Une récente étude de l'OCDE[33] montre que les gains de productivité ne sont le fait que d'une poignée d'entreprises leaders (que l'on appelle *frontier firms*), tandis que toutes les autres entreprises ont cessé de progresser depuis 2000 (*cf. fig. 35*). Et devinez ? Tous ces gains de productivité sont à mettre à l'actif de ces géants, qui ont au même moment un impact négatif sur l'économie dans son ensemble.

En effet, les célèbres sociétés technologiques mondiales comme Google, Apple et Amazon et les géants plus traditionnels comme les grands constructeurs automobiles, le groupe de cosmétique L'Oréal ou le groupe alimentaire Nestlé – ont depuis 2000 enregistré d'impressionnants gains de productivité. Ils produisent de plus en plus de revenus par travailleur alors que les autres entreprises stagnent. Comment expliquer cette différence ?

Les spécialistes de l'OCDE ont cherché la réponse du côté de l'innovation, mais il existe deux autres phénomènes importants susceptibles d'offrir une meilleure explication.

Tout d'abord, les statistiques montrent qu'au sein de l'OCDE, on compte un nombre croissant d'entreprises qui ne sont pas viables. Il s'agit de sociétés qui accumulent les pertes année après année, mais réussissent malgré tout à survivre grâce à la politique de taux ultra bas, au crédit facile et aux subsides et aides d'État.

Ensuite, les grandes entreprises peuvent se financer à de bien meilleures conditions que les PME, tant sur les marchés qu'auprès des banques. La banque centrale renforce encore ce phénomène avec son programme de rachat, dont les grandes entreprises profitent et dont sont exclues les PME. Résultat : les méga-entreprises peuvent plus facilement racheter leurs petits concurrents avant qu'ils ne deviennent une véritable menace. À l'instar des clubs de football comme Chelsea et Manchester City

THE WINNER TAKES IT ALL : UNE POIGNÉE D'ENTREPRISES S'ADJUGENT PRESQUE TOUS LES GAINS DE PRODUCTIVITÉ

FIG. 35 ***The winner takes it all***

Source : Andrews, Criscuolo et Gal (2016) sur base de la banque de données Orbis.

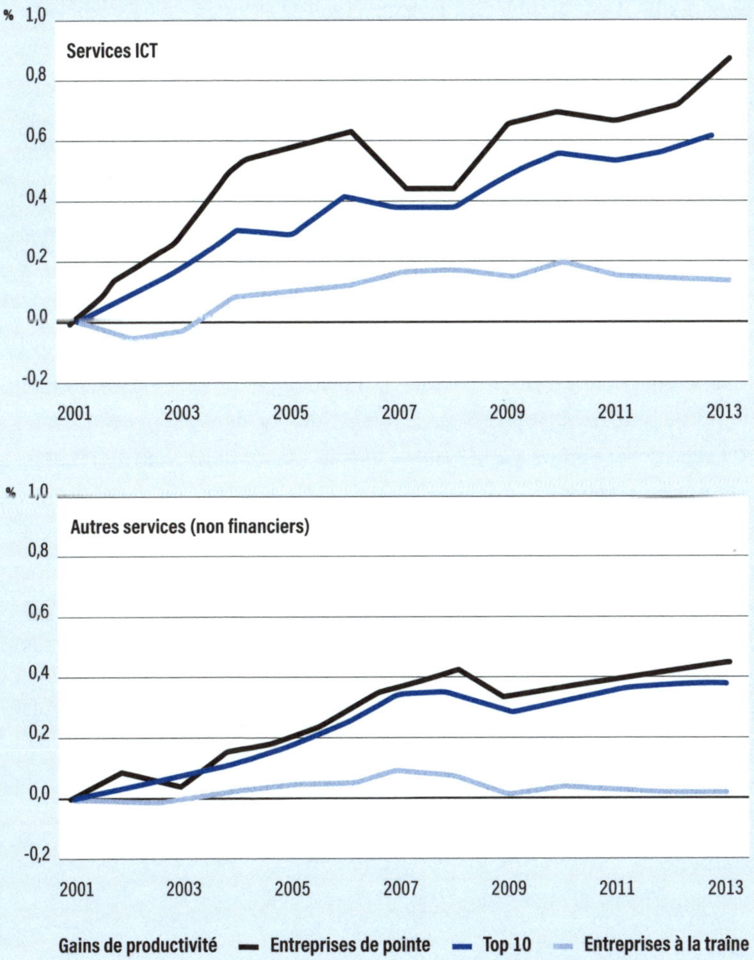

qui achètent des joueurs pour ensuite les louer et ainsi faire barrage à la concurrence.

Les sociétés zombies et les géants sont donc tous deux la résultante de la politique monétaire menée depuis 2000 et des autres mesures économiques. C'est une évolution économique certes involontaire, mais qui est aujourd'hui visible dans les statistiques. Pour relancer la productivité, le secteur financier devrait cesser d'accorder des crédits qui permettent à ces entreprises de survivre artificiellement. Ces sociétés n'aiment pas être qualifiées de zombies. Elles accuseraient l'auteur d'être responsable de leur disparition (pourtant justifiée et nécessaire de longue date). On reconnaît les sociétés zombies au fait qu'elles nient systématiquement l'existence de problèmes, mais aussi à leurs modèles opérationnels conservateurs, leurs nombreuses restructurations et leur endettement élevé. Mais aussi au fait qu'elles s'adressent aux autorités – ouvertement ou discrètement – pour obtenir leur soutien. Grâce à leurs excellentes relations avec ces autorités ou groupes d'intérêts, elles réussissent à contrecarrer la concurrence en mettant en place des règles complexes ou des barrières à l›entrée élevées. La disparition de ces zombies (qui englobent parfois tout un secteur) pourrait apporter de l'oxygène à une série de jeunes entreprises susceptibles de (re)dynamiser l'économie. **C'est ce dont l'Europe a cruellement besoin. Les zombies sont morts, vive l'entrepreneuriat !**

Une partie de la solution pourrait venir de la hausse des taux, du resserrement des politiques de crédit, de l'assainissement des institutions bancaires et de la fin de la *politique monétaire insensée* de la Banque Centrale Européenne, de la Fed, de la Bank of Japan et d'autres banques centrales.

Nous retenons donc que nous voyons d'un côté naître des géants, et de l'autre de nombreuses sociétés zombies. C'est la preuve que le système économique actuel ne conduit pas à une économie durable.

L'économie Ponzi à l'échelle mondiale

Carlo Ponzi, mieux connu sous le nom de Charles Ponzi,[34] est né en Italie en 1882 et a émigré aux États-Unis, où il a combiné petits boulots et délinquance. Il a notamment été condamné à trois ans de prison au Canada et ensuite à deux ans de détention aux États-Unis.

À partir de 1920, il est passé à la vitesse supérieure : il a joué de son charme et de son talent d'acteur pour devenir un escroc professionnel. Son escroquerie, encore connue de nos jours comme « système de Ponzi »,[M] consistait à attirer des investisseurs (spéculateurs) en leur promettant de hauts rendements potentiels qu'il payait à l'aide des dépôts de nouveaux clients.

Vu qu'il n'obtenait pas les rendements promis (à condition qu'il ait investi les fonds !), il devait continuellement attirer de nouveaux investisseurs et tenter de décourager ceux qui manifestaient le souhait de retirer leurs fonds. Ponzi n'a pas tenu le coup très longtemps et son fameux système a implosé après un an. Il faut dire qu'il promettait des gains de 50 % en 45 jours et de 100 % en 100 jours. Son rendement réel était nul, et même négatif après les coûts. Il devait donc en permanence trouver de nouveaux pigeons pour respecter ses promesses insensées. Son système s'est effondré dès les premiers retraits.

D'autres fraudeurs lui ont emboîté le pas. Parmi eux, on peut citer Bernard Madoff, Tom Petters et Allen Stanford, qui ont compris qu'il était possible de tenir le coup plus longtemps en promettant des rendements moins élevés. Madoff a collecté 65 milliards de dollars en ne promettant « que » 10 % de rendement annuel, mais cependant très stable. Ses clients étaient surtout des associations caritatives, et il n'était légalement obligé que de leur verser 5 % par an. Madoff aurait pu continuer ainsi toute sa vie si la Bourse ne s'était pas écroulée en 2008, entraînant une chute des cours de 38 % en quelques mois, alors qu'il prétendait avoir réalisé un

M La différence entre une pyramide financière et le système Ponzi est subtile. Dans une pyramide, les investisseurs doivent eux-mêmes en attirer de nouveaux et les motiver à les remplacer. Dans un système Ponzi, l'initiateur s'en charge.

rendement positif de près de 6 %. Si vous promettez 10 %, que vous obtenez 8 % dans la réalité, et que vous continuez à attirer de nouveaux clients, vous pouvez continuer ce système jusqu'à la crise suivante. Ces crises sont alors une belle excuse pour justifier l'implosion du système.

Les systèmes de Ponzi sont tout le contraire de structures durables. Ils sont par nature instables et ne doivent leur succès qu'à l'ignorance et à la naïveté des candidats investisseurs. Si nous regardons l'économie mondiale sous une certaine lumière, nous devrions découvrir de nombreux systèmes de Ponzi.

Le plus grand système de Ponzi au monde est peut-être la sécurité sociale en Europe. Les gouvernements font des promesses aux citoyens, alors que la croissance économique qui doit générer les revenus destinés à payer ces prestations sociales se tasse. Au même moment, le nombre d'entrants (ceux qui paient pour cette sécurité sociale) diminue à cause de l'évolution démographique, tandis que le nombre de bénéficiaires ne cesse d'augmenter (vieillissement). Les systèmes de pension en Europe qui ne sont pas basés sur la capitalisation (système où les pensions sont liées à l'épargne et l'investissement comme les fonds de pension aux Pays-Bas), mais sur la répartition (où les jeunes paient pour les pensions des aînés, sans constitution de réserves) sont par définition des systèmes de Ponzi. Dès que le taux de fertilité stagne (et que le nombre de seniors augmente), les pensions d'un nombre de plus en plus important de retraités sont payées par un nombre plus réduit de jeunes. Si les autorités promettent davantage à ces seniors, le système de pension pourrait imploser, comme ce le fut le cas des montages de Charles Ponzi et de Bernard Madoff.

Les politiciens sont des *Bernard Madoff* qui promettent de beaux rendements en espérant que le système de pension ne s'écroulera pas pendant leur mandat.

Entretemps, le climat s'est lui aussi transformé en système de Ponzi : nous injectons de plus en plus de gaz à effet de serre dans l'atmosphère, bien plus que ce que la Terre peut absorber naturellement.

Si nous regardons plus loin, nous voyons aussi que les dettes mondiales augmentent à la manière d'un système de Ponzi. Les gouverne-

FIG. 36 **Système de Ponzi : la recette du succès**
Source : Geert Noels.

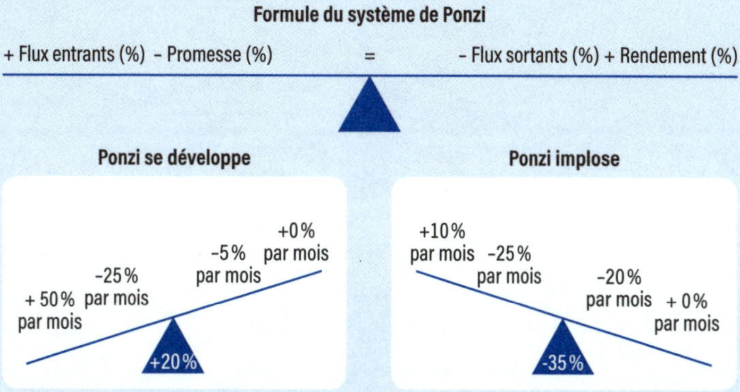

ments sont obligés de financer des montants de plus en plus importants alors que les investisseurs se font de plus en plus rares. Pour maintenir ce système, les banques centrales doivent elles-mêmes racheter ces dettes. Elles ont par ailleurs baissé les taux, ce qui n'est bien entendu pas la meilleure solution si l'on souhaite attirer de nouveaux investisseurs.

Charles Ponzi aurait dû obtenir le Prix de la Banque de Suède (*Sveriges Riksbank pris*), mieux connu sous l'appellation Prix Nobel d'Économie.[N] Aujourd'hui, de nombreux systèmes économiques s'inspirent du même principe, ce qui laisse à penser qu'ils ne sont fondamentalement pas durables, à l'image du système de Ponzi.

N Le Prix Nobel d'Économie a été décerné pour la première fois en 1969, alors que Charles Ponzi est décédé en 1949. Bien entendu, cette suggestion est ironique.

CHAPITRE 6

VERS UNE ÉCONOMIE MONDIALE DURABLE

L'économie mondiale continue à tourner, bien loin des principes de durabilité. Nous pourrions la comparer à un jeu au cours duquel un joueur récolte de plus en plus de points à chaque partie, tandis que d'autres n'arrivent même plus à jouer. Les géants d'un côté, les zombies de l'autre. Le nombre de maladies de civilisation augmente parce que cette économie tient l'humain éloigné du jeu économique. L'énorme augmentation de l'endettement pousse la croissance économique bien au-delà de ses limites naturelles. Entretemps, l'économie rejette plus de gaz à effet de serre que ce que la planète peut en absorber. Lors de chaque partie de ce jeu économique insensé, les excès augmentent. Il est clair que nous n'arriverons pas à faire basculer la tendance avec quelques bricolages et que nous avons besoin de mesures plus radicales.

Certains économistes rejettent le système dans son ensemble, et deviennent anti-capitalistes, anti-mondialistes voire même anarchistes. D'autres cherchent leur salut dans des structures dont on sait qu'elles nous poussent vers des excès comparables, même s'ils prennent d'autres formes : communisme ou marxisme. Une chose est sûre, la solution ne se trouve pas dans les extrêmes.

Beaucoup trouveront peut-être excessives mes critiques envers le gigantisme et les grandes entreprises. J'espère qu'ils oseront analyser objectivement les faits. Il existe des preuves accablantes indiquant que l'économie actuelle évolue vers une voie non durable et totalement déshumanisée.

Je plaide donc pour un retour à une économie à taille humaine, à un système socio-économique qui évite tout dérapage. Le mot « petit » a souvent une connotation négative : esprit de clocher, villageois, provincial et défaitiste. Trop peu ambitieux, en deçà de son potentiel, inadapté aux individus de génie, entraves au progrès... les expressions ne manquent pas.

Il est clair que je ne défends pas ce type de modèle économique. Nous ne devons pas jeter le bébé avec l'eau du bain et nier les avantages de la mondialisation et des progrès réalisés au cours des dernières décennies. Il n'est pas question d'arrêter internet ni d'interdire les sociétés multinationales. Je ne défends pas une philosophie anti-mondialiste, mais je plaide pour que l'on se penche sérieusement sur les dérapages actuels de cette mondialisation.

Un des principaux moteurs permettant de rééquilibrer l'économie mondiale est la décentralisation. On a trop souvent tendance à centraliser et à gérer les problèmes à un niveau supérieur, ce qui génère des pyramides bureaucratiques et hiérarchiques de plus en plus hautes. C'est en grandissant que ces organisations prospèrent le plus. Par conséquent, les entreprises mais aussi les pays et les ONG cherchent – volontairement ou non – à grandir. À l'échelle locale également, l'homme considère de plus en plus la centralisation et la croissance comme une façon d'augmenter l'efficacité. Les écoles, les hôpitaux et les bibliothèques sont devenus des géants.

De fait, dans la plupart des cas, cette croissance les a rendus plus efficaces d'un point de vue purement économique.[35] Mais sur d'autres plans, cette tendance a réduit leur efficacité. Ces organisations gigantesques n'ont jamais été autant éloignées des humains pour qui elles ont été conçues, et elles ont probablement aussi exclu certaines catégories de personnes et freiné la mobilité sociale. La taille est peut-être un des facteurs qui expliquent que les élèves et les patients ne se sentent plus attirés par certaines écoles ou hôpitaux: ils estiment que l'on ne tient pas suffisamment compte de leur situation individuelle, ce qui nuit à leur équilibre et à leur bien-être.

Ces dernières décennies, la centralisation s'est insidieusement infiltrée au sein de notre société – probablement avec les meilleures intentions du monde –, creusant un fossé entre les institutions et l'humain, et créant de nouvelles fonctions de management et de contrôle pour vérifier que tout le monde respecte les procédures et les règles. L'attention se focalise ainsi davantage sur la gestion au lieu de l'objectif premier pour lequel l'institution a été créée, comme par exemple la formation des jeunes ou le traitement des patients.

Les théoriciens de l'économie ont prêché pour la centralisation parce qu'elle était efficace, mais dans leurs modèles et analyses, ils ont oublié de prendre en compte ses autres dimensions, sociale et environnementale par exemple. Le gigantisme est le fruit de cette réflexion unidimensionnelle.

La décentralisation rapproche les organisations et les personnes, donne le pouvoir à ceux qui créent véritablement de la valeur (pour utiliser une expression à la mode: la décentralisation les « autonomise » - *empowerise* en anglais), et rapproche les communautés. En effet, une bibliothèque locale peut sembler moins efficace qu'une grande bibliothèque située dans une grande ville, mais elle remplit également la fonction de lieu de rencontre pour toutes les générations d'une communauté. Les citoyens se connaissent ou apprennent à se connaître en échangeant des idées, en trouvant de l'inspiration pour de nouvelles lectures, en regardant ce que lisent les voisins. Dans une ville, une bibliothèque géante sera probablement plus efficace et moins chère, mais aussi plus anonyme et moins humaine.

Idem pour les écoles : les grands établissements scolaires sont plus efficaces d'un point de vue économique, mais passent souvent à côté de leur objectif premier: former au mieux chaque individu. Elles occupent une place importante dans les communautés locales. **Dans leur quête d'efficacité, elles ont perdu de vue l'humain et la communauté.**

Penser « plus petit » ne signifie pas que nous devions sacrifier l'efficacité économique. Un des grands défenseurs de la décentralisation est le scientifique américano-libanais, et ancien trader de dérivés Nassim Nicholas Taleb. Dans ses livres *The Black Swan* et *Antifragile*, il défend les plus petites entités : « Sur papier, l'effet de taille semble beaucoup plus efficace, car il permet de réaliser des économies d'échelle. Mais dans la réalité, les petites entités sont beaucoup plus performantes... Un éléphant peut très facilement se fracturer la patte, alors qu'une souris que vous jetez par la fenêtre s'en sortira indemne. Plus vous êtes grand, plus vous êtes vulnérable ».

La fragilité des grands systèmes – qui justifie qu'ils soient décentralisés – est aussi à la base du World Wide Web, l'internet. Il y a 40 ans, le gouvernement et l'armée faisaient confiance aux grands *mainframes*. Ces gros ordinateurs puissants, sur lesquels plusieurs terminaux peuvent être connectés, sont cependant très vulnérables en cas d'attaque ciblée. En utilisant les plus petits réseaux d'ordinateurs décentralisés, ils ont pu renforcer et assouplir le système.

Les systèmes décentralisés rendent non seulement les personnes moins vulnérables en cas de défaillance d'un grand système, mais ils favorisent également la diversité. Imaginons qu'un système centralisé souffre d'une erreur de conception : dans ce cas, il est probable que l'ensemble du système sera paralysé.[36] C'est tout le contraire avec la décentralisation, où certains sous-ensembles seront capables de fonctionner même en cas d'incident. Cette décentralisation a par ailleurs d'autres conséquences inattendues et génère même des découvertes fortuites : certains systèmes étonneront par leur performance exceptionnelle. Plus les tentatives seront nombreuses, plus la probabilité d'aboutir à des découvertes sera élevée.

Et ce n'est pas tout : les systèmes centralisés n'encouragent pas la concurrence. Résultat : le choix se réduit. Plus les organisations sont décentralisées, plus les consommateurs ont le choix, et plus il est facile de se tourner vers une autre solution tout aussi proche en cas de défaillance.

Imaginons deux scénarios : dans le premier, nous avons une seule école de 2500 élèves dans un rayon de 20 km. Dans le second, nous avons 10 écoles de 250 élèves dans la même région. Les deux types d'écoles seront organisés de manière très différente : la grande école aura probablement plusieurs niveaux hiérarchiques, que l'on ne retrouvera pas dans les petites écoles. La grande école créera des fonctions qui, dans les petites écoles, seront simplement assurées par les enseignants. Pour les élèves, les petites écoles seront probablement moins intimidantes. Peut-être verrons-nous des spécialités se développer dans le réseau: formations sportives, musicales ou artistiques, et peut-être des activités pour surdoués, ce qui ne sera pas possible dans la grande école. Mais un autre désavantage – et non le moindre – du système centralisé sera que s'il n'offre pas la qualité attendue, il n'y aura aucune solution alternative à proximité. Dans le système décentralisé, les écoliers et leurs parents auront le choix entre neuf autres possibilités.

Cet exemple montre que les systèmes décentralisés ne pourront être efficaces au niveau économique que si l'on ajoute d'autres scénarios aux paramètres économiques unidimensionnels et souvent mal définis.

Il est évident que le démantèlement des systèmes centraux pourrait avoir de nombreuses conséquences positives – nous y reviendrons plus loin. Mais dans ce cas, pourquoi n'avons-nous pas davantage décentralisé nos systèmes au cours des dernières décennies ?

Une partie de la réponse tient au fait que le gigantisme compte de nombreux supporters. Les solutions alternatives n'ont commencé à être prises en considération qu'après que la centralisation ait montré ses limites. Par ailleurs, cela fait longtemps que, sous la pression des lobbyistes, les économistes et les décideurs politiques ne prennent plus le temps de la réflexion. C'est aussi le cas dans des secteurs comme l'enseignement et les soins de santé. Mais la principale raison, c'est que nous ne disposons que depuis peu des technologies permettant cette décentralisation.

LES DÉCLENCHEURS DE LA DÉCENTRALISATION

Il existe quatre raisons qui permettent d'espérer que nous verrons bientôt davantage de décentralisation. On pourrait même parler d'un début de « basculement du gigantisme ». Ce gigantisme a déjà dépassé son apogée, mais il ne pourra perdre suffisamment de force que si les autorités et le monde politique apportent leur soutien. Sinon, il continuera à faire des ravages.

Avant d'examiner en détail les mesures politiques, je souhaite commencer par passer en revue les autres « déclencheurs » de cette décentralisation.

La technologie, moteur des petites organisations

Dans le passé, les grandes organisations bureaucratiques avaient tendance à tout centraliser sur un seul site, car c'était la seule manière de permettre aux différentes sous-entités de communiquer facilement entre elles. Pensez à l'Eglise catholique romaine dans le passé ou aux rois et aux empereurs. Les grandes entreprises et bien entendu les administrations centrales n'étaient pas différentes.

C'est l'invention de l'ordinateur portable qui a permis de franchir le premier pas vers davantage de décentralisation. Internet et les smartphones ont ensuite accéléré ce processus de manière exponentielle. Skype et les autres outils de réunions à distance s'améliorent tous les jours et se trouvent désormais à la base des organisations décentralisées qui combinent efficacité (moins de déplacements) et robustesse (pas de *mainframe*). Un autre avantage, c'est qu'elles ne doivent pas être pilotées en permanence.

Aujourd'hui, les petites organisations disposent également d'une plus grande puissance de calcul, d'information et de communication que les grandes organisations du passé. La technologie a donné un solide coup de pouce à l'esprit d'entreprise (local) et a apporté davantage de flexibilité. Les grandes et lourdes bureaucraties centrales ne font plus le poids face à la souplesse et aux performances des petites organisations.

Préférence humaine

Finalement, le choix revient aux humains qui opteront généralement pour ce qui leur apporte confort et sécurité. Les grandes entités sont impersonnelles, froides et distantes, alors que leurs petites consœurs sont plus chaleureuses et plus accessibles. Si un couple a le choix entre une cérémonie de mariage dans une grande église ou dans une petite chapelle, le choix sera vite fait. Les gens préfèrent les services personnalisés, qui sont plus difficiles à obtenir dans les grandes organisations. Pour compenser l'absence de service individualisé, la centralisation devra toujours proposer quelque chose de plus : fournir plus de biens et de services, ou des produits moins chers, grâce aux économies d'échelle. Ou encore cibler des produits très spécifiques parce qu'un petit magasin de niche n'est viable que dans une grande ville.

Est-il possible que la décentralisation soit plus proche de l'humain, et la centralisation plutôt réservée à une élite ? Les organisations centralisées ne se concentrent-elles pas sur les ego, tandis que les organisations décentralisées se préoccupent des personnes, des individus et des collaborateurs ?

La faillite du « *big* »

L'effet de taille semble avoir atteint ses limites. Dans le secteur financier, les grandes banques ont de justesse survécu à quelques infarctus. Les institutions mammouth comme Deutsche Bank ont encore du mal à supporter leur propre poids et les banques centrales doivent intervenir de plus en plus fréquemment. Auparavant, leurs interventions étaient rares, mais le rythme s'est accéléré. Aujourd'hui, les banques centrales sont en quelque sorte devenues des *day traders*, étant contraintes de maintenir la stabilité apparente du système.

Dans certains secteurs, le mouvement de décentralisation s'est déjà amorcé. Grâce à internet, c'est notamment le cas – du moins en partie – dans le domaine technologique. Le secteur énergétique est lui aussi en train de passer progressivement de grandes unités de production à des systèmes décentralisés connectés via des réseaux intelligents.

Au niveau politique également, « *big* » n'est plus considéré comme la panacée. L'Union Européenne semble se heurter à ses limites, le Brexit étant une première étape dans l'autre direction (*cf. ci-après*). La Russie s'est aussi scindée en plusieurs *petites entités*. Et on peut se demander si la Chine et les États-Unis pourront conserver leur taille. Même aux États-Unis, certains États comme la Californie se sentent de moins en moins attirés par Washington et le pouvoir central du président et réclament de plus en plus d'autonomie. La Chine apparaît aujourd'hui comme un bloc gigantesque et monolithique, géré par le despotisme éclairé du Parti Communiste. Mais les apparences sont trompeuses, car le Parti Communiste doit lui aussi utiliser les technologies de pointe – comme la reconnaissance faciale – pour surveiller ses citoyens et leur attribuer une note. Les Chinois qui obtiennent de mauvais scores sont relégués au rang de parias. Plusieurs groupes de population se rebellent – et pas seulement au Tibet –, mais la lourde main du gouvernement chinois ne se montre pas devant les caméras ni sur les réseaux sociaux. Cependant, on comprendra tôt ou tard que le capitalisme libéral est incompatible avec un modèle communiste centralisé.

Le « *big* » finira par atteindre ses limites et, lorsqu'il ne sera plus possible de grandir, une nouvelle dynamique de décentralisation pourrait rapidement prendre de l'ampleur. C'est ce que nous ont appris l'URSS et l'ancienne Yougoslavie. Nous constatons le même mouvement dans les entreprises, par exemple chez General Electric (GE). Ce conglomérat américain, actif dans la technologie, l'électronique et les services a été pendant des années un géant dirigé par des CEO surhumains comme Jack Welsch et Jeffery Immelt, qui ont tous deux consigné leurs formules magiques dans des *best-sellers* de management. Mais apparemment, leur recette de succès ne s'est pas avérée durable. L'autrefois toute-puissante GE est aujourd'hui ratatinée, croule sous les dettes, manque cruellement d'activités porteuses – et surtout – souffre d'un manque total de réactivité et de souplesse.

Cela peut sembler paradoxal que, d'une part, les entreprises ne cessent de grandir et que, d'autre part, leur durée de vie moyenne ne cesse de diminuer (*cf. fig. 37*). Auparavant, les très grandes entreprises (qui font par exemple partie de l'indice boursier S&P500) dépassaient facilement l'âge de 60 ans. Aujourd'hui, nous voyons que cette durée de vie ne dépasse plus guère une petite dizaine d'années. La « disruption » fragilise donc aussi les grandes entreprises. Les géants risquent de plus en plus de se voir marginaliser par de nouveaux géants en forte croissance. La sélection naturelle fait des ravages, même si les 10 plus grandes entreprises sont beaucoup plus solidement ancrées que les 490 autres...

DES GÉANTS AUX PIEDS D'ARGILE

FIG. 37 L'espérance de vie des grandes entreprises se réduit
Source : S&P, Deloitte, The Shift Index.

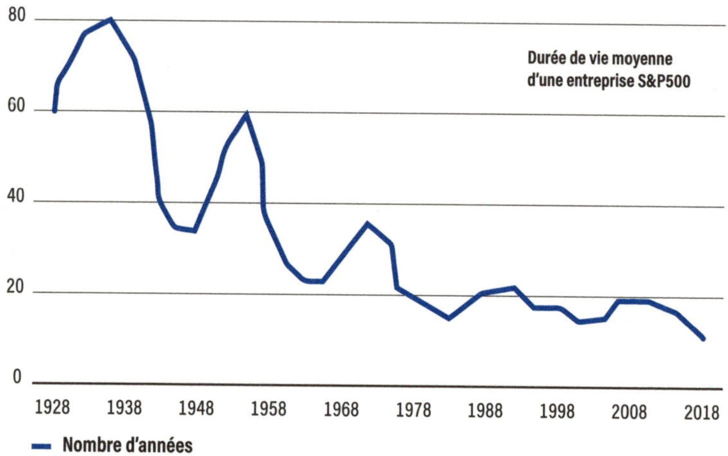

À l'instar des grandes entreprises, les grandes organisations courent également le risque de se heurter à leurs limites et à devenir vulnérables. La pire crainte de l'Union Européenne serait que le Brexit fasse des émules. Dans un grand groupe, il y a toujours de la grogne. Si le Royaume-Uni réussit à obtenir des conditions de sortie intéressantes, il est possible que d'autres pays présentant des caractéristiques comparables exigent les mêmes conditions. C'est peut-être aussi la raison pour laquelle on entend tous ces scénarios catastrophes à propos des conséquences du Brexit. Les divorces sont toujours douloureux, c'est un fait, et le Brexit est là pour le confirmer. Mais c'est parfois le prix qu'un peuple, une division d'une organisation ou simplement quelques personnes sont prêts à payer pour obtenir plus de liberté, d'autonomie ou de proximité. En d'autres termes, toutes ces choses que l'on ne retrouve plus dans les organisations centralisées.

Aujourd'hui, ces voix dissidentes sont rapidement taxées de populistes. C'est aussi une conséquence de la longue période de domination du gigantisme. Je prédis néanmoins que la tendance au morcellement et à l'autonomie ne s'arrêtera pas. L'exemple de la Catalogne servira probablement de source d'inspiration à d'autres régions en quête de plus d'indépendance. Des pays de l'Union Européenne voudront sortir de l'euro, et les grands pays se diviseront en régions ou États plus petits. Ce n'est pas nécessairement négatif et cela ne marquera pas pour autant la fin de l'Union Européenne ou d'autres organisations comme l'OTAN ou l'OMS.

La même tendance devrait se constater à terme dans les entreprises géantes, poussées par l'innovation, l'esprit d'entreprise ou simplement parce qu'elles y seront obligées.

Robustesse

Internet est par définition un système décentralisé. Il a été développé par la défense américaine, notamment dans le but de renforcer ses infrastructures techniques. On trouve cette même solidité et ces mêmes performances dans certains pays. La Suisse occupe par exemple une place de choix parmi les pays les plus compétitifs (*cf. ci-après*) et obtient aussi de bons scores sur le plan de la durabilité, de la confiance de la population et de la stabilité. Cette position enviable s'explique entre autres par la décentralisation très poussée de sa gestion et de son organisation. Les cantons et les communes disposent de nombreuses compétences, qui sont généralement centralisées dans les autres pays.

L'avantage, c'est que la population suisse se montre très impliquée dans cette gestion et qu'elle a l'impression d'être écoutée par le monde politique. Une autre conséquence, c'est que les Suisses sont très respectueux des biens publics, qu'il s'agisse des bancs dans les parcs ou des abribus. En fait, la Suisse applique aujourd'hui les principes des pères fondateurs des États-Unis au XVIIIe siècle, c'est-à-dire un gouvernement « *light* » et un maximum d'initiatives privées. Selon la loi de Wagner,[37] cette philosophie serait cependant difficile à appliquer à long terme : **plus un pays devient prospère et plus le secteur privé crée de richesses, plus**

il aura tendance à vouloir redistribuer ces richesses au sein de la population, ce qui fait gonfler le secteur public.

La robustesse des systèmes décentralisés s'explique pour deux raisons : la cohésion issue d'une base commune et la flexibilité locale. Pour un pays, la base commune peut être la constitution tandis que, pour une entreprise, il peut s'agir de ses valeurs. La flexibilité locale est importante car elle permet de fixer d'autres priorités et de s'adapter aux spécificités locales. Si un serveur tombe en panne sur internet, ce ne sera pas un problème, car d'autres pourront prendre le relais avec les protocoles applicatifs.

Les grandes entités centralisées sont par contre très vulnérables. L'histoire l'a suffisamment démontré : l'Empire Romain, l'URSS, mais aussi l'Église catholique et les grandes entreprises comme IBM ou UBS n'ont pu identifier leurs problèmes à temps parce qu'elles étaient organisées de manière centralisée. La perte de contact avec la base représente un important défi pour les grandes organisations. La réintroduction de ce type d'organisation ne se fait pas top-down, mais bottom-up, c'est-à-dire qu'elle part des collaborateurs, de la paroisse, de l'esprit d'entreprise au sein d'unités opérationnelles fortes.

Nassim Nicholas Taleb est un défenseur de la décentralisation, parce qu'elle représente un modèle solide de gouvernance, et est « antifragile ». Selon lui, les sociétés et entreprises décentralisées se montrent même plus fortes lorsqu'elles sont mises sous pression, car la pression est répartie sur l'ensemble du réseau, et le système central est épargné. Taleb n'est d'ailleurs pas avare de déclarations fortes. En 2016, il a tweeté : « La décentralisation est un cauchemar pour les lobbyistes ». Si vous lisez ce livre, vous aurez certainement compris son raisonnement : les lobbyistes plaideront toujours en faveur de la centralisation, car elle est plus facile à contrôler, tandis que les systèmes décentralisés sont plus difficiles à influencer. C'est pour cette raison qu'ils sont tellement importants pour la démocratie. **Les systèmes centraux mènent à la dictature, tandis que les systèmes décentralisés garantissent le droit à la parole aux citoyens. Vive la démocratie, vive la décentralisation !**

Loyauté

Enfin, **la loyauté est le ciment des systèmes décentralisés**, alors que les systèmes centralisés sont souvent basés sur une structure de pouvoir. En règle générale, les économistes accordent trop d'importance aux facteurs mesurables – comme le PIB, les bénéfices des entreprises ou les salaires – et sous-estiment l'importance des éléments non mesurables, comme la confiance, le bonheur et la loyauté.

Cette loyauté est essentielle si l'on souhaite maintenir la cohésion au sein d'une organisation ou d'un pays. Quel était le niveau de loyauté des Hongrois, des Polonais et des anciens Tchécoslovaques envers l'URSS dans les années 1970 ? La même chose s'est reproduite plus tard avec le Kazakhstan, l'Ouzbékistan et l'Ukraine. Il est difficile d'imposer la loyauté *manu militari* à partir de Moscou dans des contrées éloignées.

On rencontre le même phénomène dans les grandes entreprises. Quel était le niveau de loyauté des employés de Fortis la veille de sa chute ? Vu la croissance phénoménale du bancassureur, les collaborateurs ne se sont jamais réellement sentis membres de Fortis, mais encore et toujours comme faisant partie de la Générale de Banque, d'AG Insurance, de la CGER, de la SNCI (Crédit à l'Industrie), d'AMEV (un assureur néerlandais), de la Banque VSB, d'ASR ou de la banque privée MeesPierson. Lorsque vous posiez la question aux employés, ils se présentaient encore souvent comme des anciens de la Générale de Banque ou de la CGER. Fortis, en revanche, était un concept créé par la direction, très éloigné de la base. Ces 25 dernières années, le même phénomène s'est reproduit dans de nombreuses entreprises : **les fusions créent des groupes apparemment cohérents mais qui, vus de l'intérieur, restent très divisés.** Les employés se montreront moins loyaux envers le repreneur qu'envers la société pour laquelle ils travaillaient avant la fusion. Idem pour les clients. Et même les actionnaires sont peu fidèles aux entreprises qui fusionnent : ils ne s'intéressent plus qu'à leur rendement, et beaucoup moins aux relations avec le personnel et les clients.

Les entreprises qui ont la chance d'avoir des clients fidèles sont plus solides que celles qui vivent de promotions temporaires. De la même manière, les collaborateurs et actionnaires fidèles font la différence en période de crise : il est facile de partager les succès, mais se battre pour une entreprise par loyauté peut créer beaucoup plus de valeur à long terme. La triple loyauté (actionnaires, clients et collaborateurs) est rare, mais forme un ciment trois fois plus solide.

Ce qui s'applique aux entreprises peut être transposé aux pays et aux organisations. Combien de temps les États membres se montreraient-ils loyaux envers l'UE s'ils perdaient leurs avantages ? Quel est le degré de loyauté des fonctionnaires de l'UE envers ses valeurs par comparaison aux énormes avantages fiscaux dont ils bénéficient ? Et à quel point les citoyens de l'UE s'intéressent-ils à ce qui se passe à Bruxelles ? Lorsque les grandes organisations en expansion ne peuvent compter sur cette triple loyauté, le ciment s'effrite et l'organisation centralisée peut facilement imploser en cas de coup dur ou de crise.

Je ne souhaite pas la disparition de l'Union Européenne – elle a joué un rôle trop important après la Seconde Guerre Mondiale sur le plan de la sécurité et du développement économique. **Mais je plaide en faveur d'une Union plus légère, basée sur le principe de subsidiarité qu'elle préconise mais n'applique pas suffisamment.** Et je plaide aussi pour davantage de prudence sur le plan de l'élargissement et de l'approfondissement de l'UE. Les performances économiques, les valeurs politiques et les fondamentaux des pays candidats devraient davantage être alignés sur ceux des États membres.

Les organisations décentralisées souffrent moins de ce manque de loyauté parce que cette dernière est souvent très forte au niveau local. Par ailleurs, les entités décentralisées sont loyales entre elles parce que c'est dans leur intérêt et que cette loyauté est le garant de leur liberté. Si une entité sœur traverse une crise, elles se sentent solidaires. Elles attendent d'ailleurs la réciprocité. La loyauté n'est en rien comparable avec celle qui est imposée par un système centralisé.

Aux États-Unis, Donald Trump est un bel exemple de la manière dont un président peut fragiliser son pays. Une gestion très centralisée, combinée avec des frustrations locales, provoque des tensions. La manière dont Trump traite notamment la région la plus riche et la plus dynamique du pays – la Californie – représente le terreau idéal pour une rupture. Il est bien entendu possible que le prochain président renverse totalement la tendance, mais les grandes entités centralisées devront toujours être attentives à ces dérapages. **Les forces centrifuges sont naturellement présentes, tandis que les forces centripètes – contraires à la nature humaine – doivent en permanence faire la preuve de leur valeur ajoutée.**

LE GIGANTISME N'EST PAS UNE FATALITÉ

Les forces centrifuges dont nous venons de parler fragilisent les géants, et c'est dans ces moments délicats que d'autres dérapages peuvent pousser la barre dans l'autre sens. Ces géants risquent alors d'étouffer sous leur propre poids. Un endettement élevé et l'absence d'innovation font par exemple partie de ces facteurs aggravants.

Il est facile pour le gouvernement central chinois de prendre des décisions. Malgré tout, s'il était organisé de manière décentralisée, chaque partie autonome pourrait **agir plus rapidement et se montrer plus flexible**. Les problèmes pourraient ainsi être résolus avant qu'ils n'atteignent des proportions ingérables.

La liste des multinationales ayant compris trop tard qu'elles devaient changer est longue. Kodak possédait depuis longtemps la technologie de la photo numérique, mais a voulu conserver aussi longtemps que possible son ancienne technologie analogique. Nokia a bénéficié pendant des années d'une avance importante dans le secteur de la téléphonie mobile, notamment parce que dans les années 1990, après la chute du Bloc de l'Est, les Finlandais n'avaient pas installé de lignes fixes et sont donc immédiatement passés à la nouvelle technologie. En 2000, Nokia était une des plus grandes entreprises au monde, mais elle a raté la transition vers les smartphones. L'entreprise finlandaise était persuadée que l'iPhone d'Apple ne serait qu'un produit de niche. Cinq ans plus tard,

Nokia avait perdu 92 % de sa valeur. L'entreprise canadienne Blackberry, autrefois Research in Motion (RIM), s'est trop longtemps accrochée à sa technologie performante et à son succès, mais a également sous-estimé la puissance de l'innovation et l'évolution des souhaits de ses clients. Les appareils BlackBerry étaient plus « intelligents » que les premiers téléphones portables et très appréciés dans le monde des affaires. Mais les concepteurs n'ont pas compris que les fonctionnalités des téléphones portables allaient augmenter de manière exponentielle, et que les téléphones intelligents ne conserveraient pas leur statut de gadget réservé aux hommes d'affaires, et intéresseraient tous les utilisateurs. L'iPhone d'Apple est arrivé et a tué le BlackBerry en moins de temps qu'il ne faut pour le dire. Toutes les entreprises que je viens de citer étaient très innovantes au début – lorsqu'elles étaient encore de taille modeste – et les informations circulaient rapidement en interne. Dès qu'elles se sont mises à grandir, leur structure s'est alourdie, elles ont perdu leur flexibilité, et les informations ont commencé à prendre beaucoup trop de temps pour remonter – ou de manière incomplète – auprès de la direction générale.

C'est un des problèmes fondamentaux des géants : **les changements sont plus rapides à partir de la base qu'à partir du sommet.** Un géant s'affaiblit à cause de la lenteur des processus *bottom-up* tandis que le processus *top-down* n'apporte pas une réponse suffisamment rapide et forte.

Les géants brassicoles sont moins menacés par leurs concurrents directs (par exemple Heineken vs. AB InBev) que par l'évolution des habitudes de consommation de leurs clients et par l'émergence soudaine de milliers de micro-brasseries. La combinaison d'IPA (India Pale Ale) – bières spéciales à la mode, produites par de petites brasseries artisanales utilisant davantage de houblon pendant le processus de brassage – et par exemple la légalisation de la marijuana représente potentiellement une plus grande menace pour les géants brassicoles que la nouvelle bière d'un concurrent ou une guerre des prix. Les points faibles des géants brassicoles remontent alors à la surface : endettement trop élevé ou arrogance d'un CEO, ce dernier élément représentant une menace pour de nombreuses grandes entreprises, étant donné que la culture de l'inviolabilité représente généralement un vivier idéal pour les hommes alpha et les ego surdimensionnés.

En 2008, le secteur bancaire a fait preuve de beaucoup d'arrogance. Et aujourd'hui, avec l'éloignement de la crise financière, la même mégalomanie est de retour chez ses dirigeants. Deutsche Bank a survécu à 2008, mais la culture des hommes alpha dans leurs costumes trois-pièces, symboles de leur pouvoir et de leur prestige, n'a pas changé. Comme nous l'avons dit, c'est le drame des géants inefficaces de ne pas simplement disparaître, mais d'être considérés comme *too big to fail* à cause de leur taille. Il serait plus sain pour l'ensemble du secteur bancaire que les banques mal gérées mettent la clé sous la porte et cèdent leur place à des banques plus petites et plus durables. Au lieu de cela, un scénario est prêt pour fusionner Deutsche Bank avec Commerzbank, la deuxième plus grande institution financière allemande. Alors que l'augmentation de la taille d'une entreprise pour résoudre un problème est une stratégie vouée à l'échec.

DÉMONDIALISATION

Le Brexit n'est pas tombé du ciel. Les organisations qui ne cessent de grandir et de renforcer leur pouvoir risquent à un moment donné de voir certaines entités se distancier de l'ensemble. J'ai déjà abordé le *phénomène du Concours Eurovision de la chanson*: il a été lancé par un petit groupe de pays partageant plus ou moins la même culture et les mêmes goûts musicaux. Au fil du temps, il est devenu un évènement informe – et selon de nombreux observateurs, insipide – où les pays forment des coalitions au sein de leur sous-culture pour élire le vainqueur. Par conséquent, le groupe des pays fondateurs se sent de moins en moins concerné.

La Grande-Bretagne est une nation commerciale, à l'économie libérale, fortement décentralisée au sein même du *Royaume-Uni*. Le Royaume-Uni s'est toujours montré intéressé par les échanges commerciaux au sein de l'Union, mais pas par la convergence politique que l'UE souhaite renforcer. Pour les Britanniques, Bruxelles est synonyme de bureaucratie, d'absence d'esprit d'entreprise, de centralisation et de gaspillage. Bien entendu, tout le monde ne partage pas cet avis sur le continent, et encore moins Place Schuman à Bruxelles.

Maintenant que le génie du Brexit est sorti de la lampe magique, on s'inquiète de plus en plus à l'idée que d'autres pays de l'UE puissent avoir envie d'emboîter le pas au Royaume-Uni. Au moment de mettre cet ouvrage sous presse, l'issue du Brexit n'était pas encore connue. Mais maintenant que le Royaume-Uni a confirmé son souhait de divorcer de l'UE – ce qui a déjà provoqué beaucoup de tensions – une reconduction du mariage avec l'UE ne pourrait pas aller bien loin. Le couple recommencerait rapidement à se chamailler à propos de leurs divergences de vues fondamentales. Un mariage de raison générerait peu d'idées passionnantes susceptibles de séduire la population britannique. Dans le passé, les alliances entre pays n'ont d'ailleurs jamais été éternelles, y compris au sein du Commonwealth, qui ne cesse de se désagréger.

Il est évident que nous devons inventer de nouveaux modes de collaboration. La composition différente des divers groupes de pays – zone euro, Association européenne de libre échange, zone Schengen, Union Européenne – ne constitue pas un problème. Il est plus que probable que d'autres pays sortiront de l'UE ou de la zone euro dans les prochaines décennies, tandis que d'autres souhaiteront les rejoindre. Ces mouvements ne provoqueront pas une catastrophe économique et encore moins la fin du monde.

En 1992, le Royaume-Uni est sorti du Système Monétaire Européen, le prédécesseur de l'euro. Cette sortie a eu lieu sous la pression du spéculateur américano-hongrois et milliardaire Georges Soros[o] qui, ironiquement, se montre très pro-Européen avec ses Open Society Foundations. Si, en 1992, les Britanniques avaient reçu davantage de soutien de la Bundesbank allemande et des autres pays européens, ils auraient pu quitter le Système Monétaire Européen de manière ordonnée ou peut-être même seraient-ils restés.[38]

Déjà à l'époque, des Cassandre prédisaient que la Grande-Bretagne afficherait un retard par rapport à l'Union Européenne et que Londres perdrait son leadership. Rien de tout cela n'est arrivé, Londres a

---

o Soros aurait gagné 1 milliard de dollars lors de la dévaluation de la livre sterling.

encore renforcé son statut de centre financier international et s'est encore davantage diversifiée dans d'autres services, avec beaucoup plus de succès que Francfort et Paris.

Les petits pays se préoccupent aussi de leur avenir et de leur position au sein de l'UE, où ils sont désormais dominés par deux grandes nations. Les Pays-Bas et sept autres pays septentrionaux ont créé une nouvelle Ligue Hanséatique, par analogie avec l'accord de collaboration éponyme du Moyen-âge entre des villes commerçantes issues grosso modo de la même région. Cette association est une conséquence directe du Brexit: les huit petits pays craignent que l'Allemagne et la France ne profitent de leur position dominante lorsque le contrepoids du Royaume-Uni – plus libéral – aura disparu.

La zone euro a également souffert des conséquences d'un élargissement trop rapide. Le 1er janvier 2001, la Grèce a été autorisée à rejoindre la zone euro pour des raisons essentiellement politiques – comme porte d'accès vers l'Orient et membre de l'OTAN – et non pas économiques. Alors que le pays ne répondait pas aux conditions requises, il a pu faire valoir le précédent belge, qui ne répondait pas davantage aux critères d'adhésion. Mais la zone euro avait comme objectif implicite de former un contrepoids contre le dollar américain, et donc de devenir rapidement aussi grande que le géant monétaire américain.

L'Union Européenne et la zone euro sont deux constellations qui ont vu le jour pour que l'Europe puisse jouer un rôle dans la mondialisation et les échanges internationaux. L'UE n'aurait jamais grandi aussi rapidement pour des seuls motifs économiques. En réalité, ce sont les motifs géopolitiques qui ont joué (et jouent encore) un rôle prépondérant. L'élargissement vers l'est devait faire contrepoids contre la Russie et lier les pays d'Europe de l'Est à Bruxelles. Parallèlement, ces pays ont obtenu la promesse que leur économie convergerait vers des niveaux comparables à ceux de l'Europe Occidentale et que leurs infrastructures et leur économie bénéficieraient d'importantes injections de fonds européens.

L'émergence de la Chine sur l'échiquier international a aussi fondamentalement modifié les rapports de force. Nous pouvons d'ailleurs parler d'une période d'avant et d'après le 11 décembre 2001, lorsque la Chine a rejoint l'Organisation Mondiale du Commerce (OMC). Le gigantisme avait lui aussi un autre visage avant 2001. À ce moment-là, le monde se réjouissait que la Chine puisse faire partie de l'OMC et les entreprises y voyaient de nombreuses opportunités. Mais la Chine a eu accès aux marchés occidentaux sans être obligée de respecter les mêmes règles, par exemple au plan social, et le *jeu a été fondamentalement faussé*.

Dix-huit ans plus tard, ces facteurs jouent un rôle important dans l'amorce du mouvement inverse : **la démondialisation - la tendance à la réduction des relations économiques mondiales et au ralentissement de la croissance du commerce international[P] - est venue de la base**, pour les raisons que j'ai expliquées plus haut. Parmi les exemples, on trouve les protestations des « gilets jaunes » en France et en Belgique en 2019, et celles contre les accords d'échanges internationaux, comme le CETA. Ces mouvements coïncident une fois de plus avec l'émergence de ce que l'on appelle le populisme. Il y a de fortes chances que les politiciens et les responsables des systèmes centralisés ne s'apercevront que tardivement de ce mouvement, ayant personnellement tout intérêt à nier le problème le plus longtemps possible. Car si vous travaillez à Bruxelles ou à Washington, il est probable que vous soyez très loin de la réalité vécue par les ouvriers des usines de Pennsylvanie ou du nord de l'Italie, qui perdent leur emploi à cause de la mondialisation, et qui voient que l'on crée d'autres emplois, mais pas aux mêmes conditions salariales et pas dans leur région.

La démondialisation est donc une réaction au gigantisme et à l'élargissement trop rapide de certaines organisations (OMC, UE, etc.) et traités internationaux, sans tenir compte de leurs conséquences pour les populations locales. Le président américain Donald Trump a ainsi pu s'appuyer sur les frustrations de cet important groupe de population, qui ne se sent plus écouté par Washington. D'autres pays vivent la même

P Depuis la grande récession de 2008, la croissance du commerce mondial s'est ralentie. Le Brexit, Trump, mais aussi des politiciens de gauche aux USA et en Europe sont des détracteurs de la mondialisation qui a pu se développer jusqu'en 2008 sans rencontrer trop d'obstacles.

situation, même si elle est en partie atténuée par les transferts sociaux et financiers. Ce système de transferts est beaucoup moins développé au Royaume-Uni – ce n'est donc pas un hasard si c'est surtout de l'autre côté de la Manche que l'insatisfaction a trouvé un exutoire.

On ne peut pas répondre à cette vague de démondialisation en augmentant les transferts ou en renforçant le pouvoir de l'Europe et des institutions internationales comme les Nations Unies ou l'OMC. Je plaide pour une mondialisation plus équilibrée, une *mondialisation 2.0*. Les anti-mondialistes jettent le bébé avec l'eau du bain, refusant de voir les avantages indéniables de la mondialisation. Par exemple, les pays qui entretiennent des relations commerciales ont moins tendance à se faire la guerre. Je suis pacifiste et je suis convaincu que nous pourrions éviter de nombreux conflits militaires en encourageant les échanges commerciaux et une collaboration économique équilibrée.

La mondialisation est toutefois devenue un facteur important dans les rapports de forces entre les grands blocs économiques, derrière lesquels se cachent des intérêts militaires. Le fait que l'Europe souhaite par exemple disposer de sa propre armée ne me semble pas être un pas dans la bonne direction. La mondialisation actuelle passe à côté de son objectif. Et ce n'est pas un hasard si la Chine et les États-Unis se font aujourd'hui la guerre au niveau commercial et que l'Europe en subit les conséquences. En réduisant la taille des blocs commerciaux et en rééquilibrant les relations, nous pourrions éviter des conflits majeurs.

La décentralisation n'est pas seulement une des voies possibles pour la *mondialisation 2.0*, elle représente également la seule façon d'éviter la démondialisation. Il est possible de lui apporter un nouvel équilibre (*voir ci-après*) si nous osons nous attaquer à ses excès actuels. Les problèmes de la mondialisation se manifestent la plupart du temps par des pertes d'emploi, par une baisse du sentiment de sécurité de certaines couches de la population et par l'exploitation sociale, sans oublier les conséquences climatiques que nous connaissons. **Par ailleurs, de nombreux citoyens ont l'impression que la mondialisation profite de manière exagérée à une petite élite au détriment d'autres couches plus fragiles de la**

population. L'élite estime aujourd'hui que nous devons combattre le prétendu populisme, ou les *fake news*, mais ce n'est pas aussi simple qu'il n'y paraît. Le populisme est difficile à définir de manière objective et c'est un reproche que ses adversaires politiques font souvent. Une *fake news* est difficile à interdire et à combattre à l'ère internet. Les deux mouvements – populisme et *fake news* – ne sont que les symptômes d'une maladie plus profonde, en d'autres termes le dérapage de certains modèles dans leur course au gigantisme. Cette situation alimente la frustration et l'irritation de franges importantes de la population, ce qui donne à des politiciens opportunistes l'occasion de s'emparer du pouvoir.

Le modèle européen s'est aussi retrouvé face à un mur suite à son élargissement trop rapide et au peu d'attention accordée à la subsidiarité. Cette situation non seulement crée des tensions au sein de l'UE, mais éloigne les leaders européens des citoyens. Les fausses informations que les Russes et d'autres répandent sur l'UE s'adressent à des citoyens européens déjà mécontents. Le problème, c'est qu'il est pratiquement impossible de faire barrage à ces *fake news*. Il est donc plus important de rééquilibrer l'UE, d'y réduire la corruption et d'augmenter son efficacité. Dans cette Union Européenne, il est plus que probable que les *fake news* ne trouveraient pas un terreau aussi favorable pour germer.

LES CITÉS-ÉTATS ET LES PETITS PAYS REPRÉSENTENT L'AVENIR DE LA MONDIALISATION 2.0

À l'heure actuelle, la mondialisation est un fait, même si on peut regretter que son organisation ait dérapé. La mondialisation actuelle est basée sur les grands blocs – la Chine, les États-Unis, l'Union Européenne et le Japon – mais, à l'avenir, l'accent devrait se déplacer vers les grandes villes. Et ce n'est pas neuf: les villes ont toujours été les principaux carrefours des grands empires : Athènes, Sparte, Rome et Constantinople étaient des entités locales solides au sein de plus grands ensembles. Ce n'était pas l'empire, mais les villes qui constituaient les véritables pôles d'attraction, en particulier pour les personnes de talent.

Dans son livre *The Geography of Genius*,[39] l'auteur américain Eric Weiner énumère cinq éléments expliquant pourquoi les villes ont été de véritables aimants pour les talents, et de ce fait également des pôles d'attractivité pour les activités économiques et la prospérité : ouverture, anticonformisme, diversité, savoir-faire et services financiers. Sa thèse centrale : le génie se développe dans les milieux faisant preuve d'ouverture envers la nouveauté et les étrangers. Ces aimants attirent des talents de très loin.

Pourquoi les villes sont-elles plus attirantes que les pays ? Certains des éléments mis en évidence par Weiner peuvent difficilement être transposés à un pays tout entier sans risquer de le voir verser dans l'instabilité. L'anticonformisme par exemple est une menace potentielle pour la cohésion d'un pays, mais peut fonctionner dans un environnement urbain. L'ouverture est aussi typique des villes, notamment parce qu'elles souvent situées au bord d'un fleuve, alors que le reste du pays reste généralement enclavé. La Chine, par exemple, n'a jamais été un pays ouvert, malgré les nombreuses connexions qu'entretenaient certaines villes (portuaires) chinoises avec d'autres régimes et cultures. Les cités-États ne sont qu'un modèle politique dans le cadre de la décentralisation dont nous avons parlé.

Je suis donc d'accord avec le scientifique américano-indien et auteur à succès Parag Khanna qui est convaincu que le XXIe siècle ne sera pas dominé par la Chine et les États-Unis, mais par des villes. Pourquoi ? **Parce qu'elles sont devenues des îlots de bonne gouvernance dans un monde qui en manque cruellement.** La gestion de grandes entités (États-Unis, Union Européenne) se complexifie pour de multiples raisons : corruption, manque de leadership éclairé, aliénation, etc. C'est pourquoi les villes sont en train de devenir les pierres angulaires d'un nouvel ordre mondial. Khanna souligne également le rôle de la connectivité entre les villes importantes et part du principe qu'elle s'établit plus facilement entre les villes qu'entre les pays. **La connectivité représente l'avenir** et les villes se situent précisément aux carrefours de ces contacts internationaux. Par ailleurs, les villes importantes ont toujours survécu aux pays et aux empires. Rome, Athènes, Le Caire et Istanbul sont restées des villes importantes, même si l'empire auquel elles appartenaient a disparu

QUELLES SONT LES VILLES LES PLUS IMPORTANTES DANS LE MONDE ?

FIG. 38 **Les mégapoles et non les pays sont les structures sociales les plus dominantes et les plus durables**

Source : Parag Khanna.

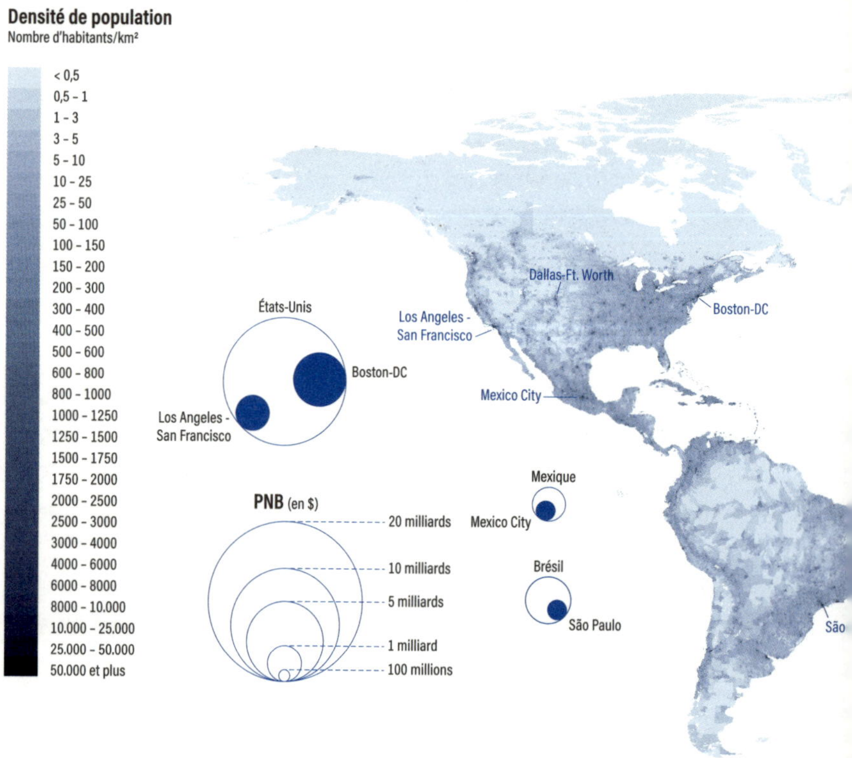

depuis longtemps. **Il n'existe par ailleurs aucun pays sans grande ville.** La carte ci-dessous (*cf. fig. 38*) montre les mégapoles réellement importantes dans le monde.

Nous observons le même phénomène en Europe (*cf. fig. 39*). Les réseaux urbains sont un aimant pour les talents et pour les activités culturelles, sportives et économiques. Il est frappant de constater qu'à côté des grands pôles urbains de plusieurs millions d'habitants, il existe également une série de petites villes très différentes de leurs consœurs et du pays dont elles font partie. Les bulles foncées de la carte indiquent les pôles urbains en croissance tandis que les bulles plus claires indiquent ceux qui perdent en importance. Les villes se font une concurrence permanente pour attirer les talents. Les cités-États dynamiques sont continuellement

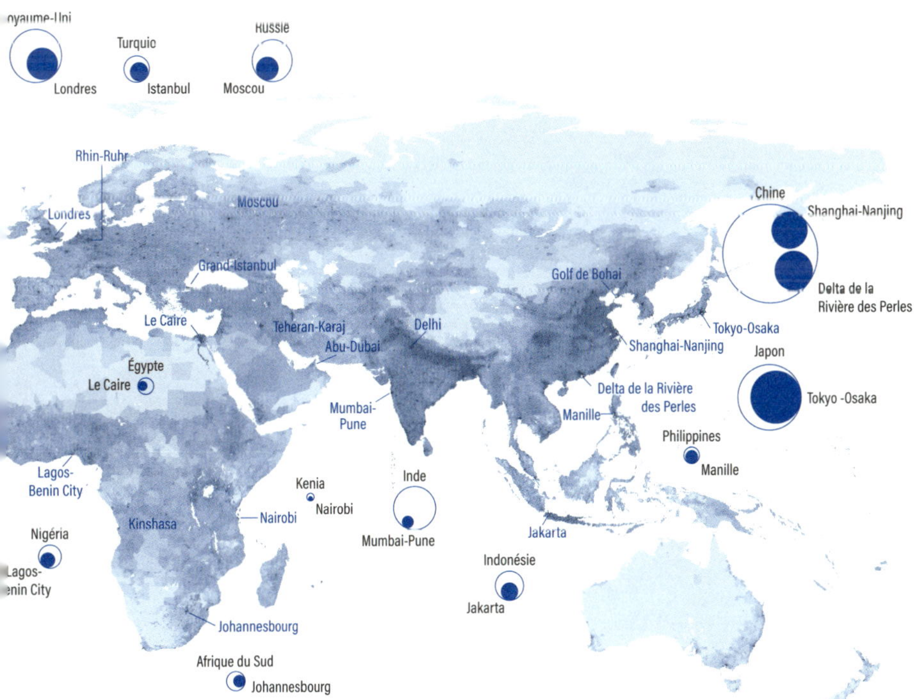

QUELLES SONT LES VILLES LES PLUS IMPORTANTES EN EUROPE ?

FIG. 39 Cités-États en Europe
Source : calculs propres sur base du travail de John Donald, après avoir contacté l'auteur.

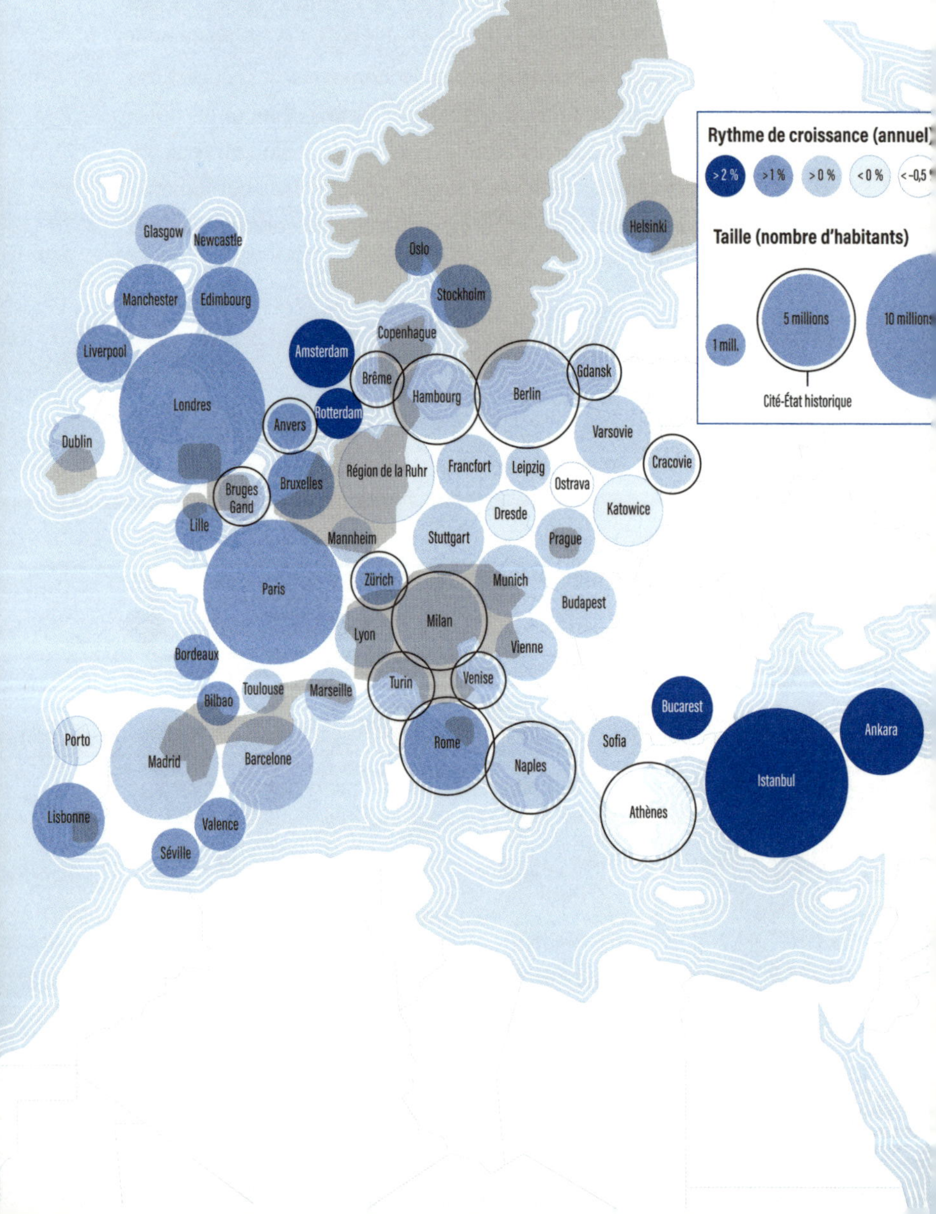

à la recherche de nouvelles activités susceptibles de les rendre plus attractives. Aujourd'hui, elles cherchent des acteurs de la *fintech* – ces jeunes entreprises qui développent des produits et services techniques innovants pour le secteur financier – ou des start-ups dans les secteurs technologiques. Dans un passé récent, elles misaient sur la mode et l'art, et dans un passé plus lointain sur les industries et le secteur bancaire. Grâce à leur flexibilité, les villes sont mieux positionnées que les pays pour s'ouvrir aux nouvelles tendances. Il ne faut d'ailleurs pas nécessairement être membre de l'Union Européenne pour devenir une cité-État prospère, les grandes villes étant par définition des pôles d'attraction.

C'est pourquoi les villes affichent généralement de meilleures performances que les entités nationales. Un bourgmestre réussira plus facilement à mettre en place sa politique qu'un gouvernement central. Pourquoi ? Parce qu'il est plus proche de la population que les politiciens européens et identifie plus rapidement l'évolution des besoins des habitants. Le leadership d'un bourgmestre est plus fort, ce qui lui permet de définir une ligne plus claire. Grâce à la cohésion entre un bourgmestre et son collège d'échevins, les décisions risquent moins d'être sabotées ou ralenties. Les relations avec le bourgmestre sont plus solides, ce qui raccourcit les *feedback loops* (boucles de rétroaction), permet d'évaluer plus rapidement la politique menée et de prendre les mesures d'ajustement nécessaires. La stratégie locale peut donc plus rapidement s'adapter aux nouveaux besoins et à l'évolution de la situation.

Cependant, toutes les villes ne réussissent pas avec le même brio. Certaines n'arrivent pas à décoller et cela souvent pour plusieurs raisons. Pour prospérer, une ville doit rayonner sur plusieurs plans : culture, économie, enseignement, mobilité et divertissement. Si une ville est trop axée sur un seul domaine, elle recule sur les autres terrains et perd non seulement son statut d'aimant, mais est évitée par les talents. Une ville qui dispose par exemple d'un pôle financier important, mais qui ne se développe pas au niveau culturel ou académique, ne pourra jamais concurrencer une ville comme Londres, qui a jusqu'ici réussi à se diversifier, avec une offre pléthorique dans les domaines culturel, sportif, universitaire et patrimonial. Aujourd'hui, les villes doivent aussi investir dans la mobilité moderne et relever le défi de la durabilité et de la technologie. **Le concept de *Smart cities* est devenu le nouveau graal.**

La concurrence entre les villes est bénéfique à tout le monde. La lutte historique entre les villes italiennes Rome, Milan et Turin augmente leur créativité et leur prospérité. La Suisse affiche une forte cohésion, malgré la lutte que se livrent par exemple Genève, Zurich et Bâle. On est aussi frappé par le fait que ce sont surtout les villes – et pas les pays – qui se font concurrence pour attirer les entrepreneurs. Boston, Berlin, Amsterdam et Londres se font concurrence pour attirer les start-ups de la *fintech*. Paris, Milan, New York et Tokyo s'affrontent sur le terrain de la mode.

Si l'Europe souhaite se renforcer et occuper une place de choix sur l'échiquier économique mondial, elle ne doit pas uniquement miser sur l'Union, mais aussi sur la diversité qui existe entre les villes européennes. La combinaison entre notre riche patrimoine historique et les différentes manières d'appréhender l'avenir dans les villes européennes peut être très attirante dans un monde qui croit de plus en plus à l'uniformité. **Mais nous devons veiller à ce que nos villes ne prennent pas le chemin du gigantisme.[Q] Si un réseau décentralisé de cités-États se développe, il doit permettre aux autres villes de prospérer et éviter que quelques mégapoles ne constituent une sorte de Champions League.** Comme indiqué plus haut, les villes sont potentiellement des endroits où les gens ne se sentent pas heureux. Il faut donc accorder suffisamment d'attention aux différentes communautés, à la diversité, aux espaces verts et à la qualité de l'air. New York et Londres ont très bien réussi sur ce plan, avec des quartiers très diversifiés, des plans de mobilité efficaces et des trains de mesures destinées à rendre la ville viable.

Les cités-États sont à tous égards contraires à l'idée que nous devons construire des blocs de plus en plus grands. **Les grandes entités**

Q Comme déjà expliqué, les gens ne sont pas heureux dans les mégapoles, même si les villes, en soi, ne sont pas nécessairement néfastes pour la santé, sauf si elles sont mal organisées, mal gérées et trop densément peuplées.

se heurtent facilement les unes aux autres, ce qui provoque de graves conflits. Cette idée a été défendue par le philosophe allemand Leopold Kohr (1909–1994), qui a vécu les deux guerres mondiales et que cette expérience a convaincu que les pays devaient réduire leur taille au lieu de chercher à agrandir leur territoire.[40]

À l'heure actuelle, cette idée est taboue. Mais comme le souligne Nassim Taleb, le localisme résiste mieux en cas de choc ou de « disruption ». De plus, les petites entités politiques sont – d'après Taleb – mieux gérées. Il cite l'exemple de Chypre par rapport à la Grèce (malgré les énormes problèmes auxquels l'île fait face depuis 1974), de Singapour par rapport à la Chine et la Malaisie, de Dubaï par rapport à l'Arabie Saoudite, de la Suisse par rapport à l'Allemagne et même du Grand-duché de Luxembourg par rapport à la France. Et même l'Islande par rapport à l'Union Européenne : les Islandais ont par exemple mieux géré le problème de leurs banques que l'Europe.

CHAPITRE 7

VERS LE POST-GIGANTISME EN DIX ÉTAPES

LES RÈGLES DU JEU ET L'ARBITRE

Le système économique n'impose pas que quelques individus possèdent des dizaines de milliards de dollars tandis que des milliards de personnes doivent se contenter de quelques dizaines de dollars. Cette situation est la conséquence des règles du jeu de notre système qui, partie après partie, battent les cartes et définissent les gagnants et les perdants. Le fait que l'humain se retrouve sous pression dans le système économique actuel est la conséquence de la recherche systématique de l'effet de taille et d'une pensée économique unidimensionnelle. Il suffirait de changer quelques règles pour que l'économie retrouve une dimension plus humaine.

Aujourd'hui, les règles poussent au gigantisme. Cela n'a pas toujours été le cas. Comme nous l'avons décrit en détail, de nombreux stimuli encouragent la croissance des structures et les poussent à former de grands ensembles. Et si l'on changeait les stimuli, l'économie se comporterait différemment.

Mais quelles sont les valeurs fondamentales qui devraient soustendre le jeu économique ? **La durabilité devrait être la règle de base.** En d'autres termes, le jeu ne devrait avoir aucun impact sur les générations à venir et ne devrait provoquer aucune distorsion sociale. Par ailleurs, le gigantisme génère une **pression inutilement lourde sur l'environnement**, en grande partie causée par le déséquilibre de cette mondialisation : le coût du transport de marchandises d'un bout à l'autre de la planète n'intègre aucun supplément pour les dommages environnementaux, ce qui encourage le développement de gigantesques réseaux logistiques, alors que **la consommation de produits locaux permettrait de réduire l'impact sur l'environnement et aurait des conséquences positives pour la société.**

Par ailleurs, le *jeu* pourrait retrouver son équilibre si l'arbitre n'intervenait pas à tout moment et n'arrêtait pas régulièrement le jeu. Les économies occidentales – mais aussi la Chine – sont de plus en plus des économies planifiées. En Occident, le rôle du bureau central du plan est joué par les banques centrales, mais la Chine utilise aussi de plus en plus sa banque centrale pour piloter son économie. Si les banques centrales sont indépendantes, elles ne sont pas neutres. Elles ont obtenu leur statut d'indépendance pour être en mesure d'intervenir dans des situations exceptionnelles. Mais étant donné qu'elles pilotent aujourd'hui les marchés comme des *day traders*, on ne peut plus parler de neutralité : **lorsque l'arbitre devient un joueur, le jeu est faussé.**

Pour que l'économie retrouve un certain équilibre, il ne suffira pas de changer les règles du jeu. Il faudra aussi changer le comportement de l'arbitre et les conditions de participation des joueurs.

ARBITRE

1 Réduire les interventions des banques centrales

Le comportement des banques centrales a totalement changé depuis la nomination d'Alan Greenspan à la présidence de la banque centrale américaine (Federal Reserve ou Fed) en 1987. Auparavant, les banquiers centraux n'intervenaient qu'en situation d'urgence, mais les choses ont changé sous Greenspan. Son interventionnisme – à partir de 1987, et de plus en plus dans les années qui ont précédé la fin du XXe siècle – a encouragé la formation de bulles spéculatives et la prise de risque. Suite au sauvetage en 1998 du fonds spéculatif Long-Term Capital Management (LTCM), qui était géré par les lauréats du Prix Nobel Myron Scholes et Robert C. Merton, les entreprises ont conclu que la Fed interviendrait toujours en cas de panique des marchés. Par conséquent, les grands acteurs des marchés financiers ne se sont pas privés de prendre des risques (*moral hazard*), d'autant que ceux qui prenaient le plus de risques étaient aussi ceux qui gagnaient le plus.

Il ne sera possible d'évoluer vers une économie plus équilibrée et durable que si les banques centrales interviennent moins souvent et laissent les marchés financiers faire leur travail. Les acteurs qui prendront trop de risques et feront naufrage seront éjectés de l'économie, et céderont leur place à des acteurs plus prudents et plus responsables.

Les banques centrales doivent laisser les marchés suivre leur cours. Les entreprises auront ainsi moins recours à l'effet de levier – le plus souvent sous forme de crédits – pour grandir plus rapidement que ce qui serait possible de manière naturelle. Les banques centrales sont les dealers du dopage financier, un dopage principalement utilisé par les plus grands parce que les autres y ont moins facilement accès. En effet, la probabilité qu'une PME obtienne un crédit est beaucoup plus faible et, le cas échéant, ce crédit serait accordé à des conditions nettement moins avantageuses.

2 *No too big to fail*

Les grandes organisations qui font faillite devraient être démantelées de manière ordonnée. Il ne devrait y avoir aucune organisation « *too big to fail* ». Et, si c'est malgré tout le cas, lors d'une faillite, le gouvernement devrait la nationaliser. En 2008, les grandes banques des grands pays européens ont été ménagées, alors que dans les plus petits pays de l'UE, les institutions financières ont dû se restructurer. Ce fut notamment le cas d'ING, de KBC, de Fortis et de Dexia. Mais les grandes banques françaises, allemandes, italiennes et espagnoles ont été moins touchées. Résultat : le secteur bancaire européen est toujours malade. Les taux sont encore bas en Europe, ce qui pousse à l'endettement. Résultat : le refus d'autoriser le démantèlement des grandes banques est un problème toujours bien présent en Europe. On appelle parfois ces institutions *banques zombies* : elles sont vivantes, certes, mais elles ne fonctionnent plus.

Dans le passé, nous avons constaté le même comportement dans d'autres secteurs : des sociétés sidérurgiques, des constructeurs automobiles et des chantiers navals ont été maintenus en vie pendant trop longtemps par les gouvernements. Quand un grand arbre meurt, il permet à ces centaines de petites plantes de profiter de plus de lumière et d'oxygène. L'arbitre ne peut donc pas se laisser intimider par un grand joueur. Si ce joueur mérite d'être exclu du terrain, il ne doit pas hésiter, même s'il s'agit de Lionel Messi.

3

Subsidiarité : décentraliser au maximum

L'Union Européenne est bâtie sur le principe de subsidiarité. Malgré tout, ce principe n'est pas très connu. La subsidiarité signifie que les décisions doivent se prendre au niveau le plus bas possible, c'est-à-dire le plus près possible du citoyen.

Les grandes entreprises préfèrent cependant centraliser la prise de décision, car cela augmente leur pouvoir et les gouvernements centraux parlent plus facilement avec les grandes entreprises. C'est pourquoi le principe de subsidiarité est important si l'on souhaite que les règles du jeu soient équitables, à la fois pour les grandes et pour les petites entreprises. Si vous avez le choix entre un arbitre local ou international, il vaut mieux opter pour le premier si vous voulez que le jeu soit plus démocratique et plus durable.

RÈGLES DU JEU

4

Mettre fin à l'évasion fiscale, augmenter l'impôt des sociétés au niveau international et harmoniser les conditions entre les multinationales et les PME

Ces 40 dernières années, l'impôt des sociétés n'a fait que se réduire, en particulier pour les grandes entreprises. Cette situation s'explique en grande partie par les *beauty contests* organisés par les grandes firmes au moment de choisir leurs lieux d'implantation. Les grandes sociétés multinationales disposent d'armées de spécialistes et de consultants qui les aident à trouver la voie la moins taxée. Par contre, les petites entreprises locales ne peuvent profiter de cet avantage et paient donc le maximum. Ces différences de traitement entre les petites et les grandes entreprises – et les nombreux privilèges dont bénéficient les multinationales – ne pourront être éliminés que grâce à une collaboration internationale et au respect d'un code de conduite éthique par toutes les parties prenantes.

Les arbitres doivent également avoir les reins assez solides pour oser exclure les tricheurs. Ces dernières années, plusieurs grandes banques complices de fraude fiscale ont été prises la main dans le sac. Cela aurait dû leur coûter une carte rouge et une exclusion pour plusieurs années, mais ce ne fut pas le cas. Si les grands acteurs bénéficient d'avantages fiscaux et de traitements de faveur de la part de l'arbitre, le jeu sera toujours faussé.

5 Renforcer les lois antitrust

Le jeu capitaliste est gâché par les cartels, oligopoles, quasi-monopoles, guildes[R], avec souvent des barrières à l'entrée, comme les normes de qualité, de sécurité et de formation, souvent inutiles. En réalité, on ne peut plus parler de capitalisme, mais d'une forme organisée de privilèges, aussi appelés *rent-seeking*.[S]

S'ils souhaitent que le jeu se déroule honnêtement, les arbitres doivent donc renforcer les règles antitrust et les faire appliquer. Ces règles ne peuvent se limiter à une seule région, comme c'est le cas actuellement en Europe, mais à toutes les parties du monde. Sinon, de nouvelles distorsions verront le jour, on créera un dilemme du prisonnier et les pays qui respectent les règles n'arriveront jamais à s'en sortir face aux tricheurs.

Les géants technologiques américains Facebook, Google, Microsoft, Apple et Amazon devraient être soumis à des règles antitrust strictes, mais ils ne sont pas les seuls : les sociétés technologiques chinoises devraient aussi être ramenées dans le droit chemin. Pour l'instant, la Chine copie les États-Unis, mais dans une version *extra large*. Le gigantisme de la Chine constitue un véritable danger, et vu que les lois antitrust

---

R Dans l'Ancien Régime, une guilde était un groupement d'intérêt de personnes pratiquant le même métier. Dans certaines parties des Pays-Bas, on parlait de métiers. Les guildes et les métiers ont existé depuis le Moyen Âge jusqu'à la fin du XVIIIe siècle.

S La rente politique, mieux connue sous son appellation anglaise *rent-seeking*, est une tentative d'obtenir un avantage personnel via la politique, ou plus spécifiquement le *lobbying*, au détriment de la société.

chinoises ne dépendent que de la bonne volonté du Parti Communiste, elles perturbent le jeu économique mondial. À l'avenir, nos gouvernements devront se montrer plus critiques envers les entreprises chinoises qui viennent chasser les bonnes affaires dans nos contrées, d'autant plus que la réciprocité est quasiment exclue. Les entreprises chinoises qui s'attribuent un oligopole sur les marchés occidentaux grâce à de l'argent public représentent par ailleurs un danger pour la libre concurrence et l'équité économique.

6 Interdire la croissance externe aux grandes entreprises

Certains géants du football ont aujourd'hui suffisamment de joueurs pour composer trois équipes de niveau mondial. Non seulement cela détruit la créativité, mais cela bride surtout la concurrence. Les adversaires potentiels ne peuvent jamais atteindre leur niveau et les défier. C'est pour ces mêmes raisons que les méga entreprises rachètent de petites sociétés technologiques prometteuses, avant même qu'elles ne constituent une réelle menace. En d'autres termes, les fusions et acquisitions sont devenues un facteur qui limite non seulement la concurrence, mais aussi l'innovation.

À l'instar des associations de football FIFA et UEFA, qui tentent de mettre en place des règles de fair-play pour les transferts de joueurs et d'imposer aux clubs de conserver une situation financière saine (en fixant un taux d'endettement maximum), les instances internationales et les gouvernements nationaux devraient empêcher les grandes entreprises d'acheter des petites sociétés prometteuses. Cela peut sembler un peu fou dans le contexte financier actuel, mais si nous examinons le nombre et la taille des fusions et acquisitions des dernières années, on arrive à la conclusion que cette frénésie d'acquisitions est insensée.

Il est bien entendu peu probable que de telles mesures obtiennent le feu vert des autorités : le lobby des grandes entreprises et leurs conseillers (qui empochent beaucoup d'argent lors de ces transactions) déploieront les grands moyens pour empêcher que de telles lois ne soient votées. Si vous comptez les anciens de Goldman Sachs et d'autres banques d'affaires qui travaillent aujourd'hui dans les gouvernements, les groupes de pression et les instances internationales, vous comprendrez que ce n'est pas pour demain. Mais c'est pourtant la seule voie possible si nous voulons retrouver une économie équilibrée et en bonne santé.

7 Instaurer une taxe CO_2 sur le transport international

C'est mon cheval de bataille depuis plus de dix ans et je le mentionnais déjà dans mon livre *Econochoc*: je plaide pour que l'on impose une taxe environnementale équitable sur le coût externe des réseaux logistiques internationaux. Par « coût externe », je vise les dommages environnementaux, les risques en matière de sécurité et les conséquences sociales négatives du transport international de biens et de services. Attention: ce n'est pas un plaidoyer pour la fin de la mondialisation ni un appel à rejoindre les anti-mondialistes. Mais c'est un élément clé du dérapage du commerce et des échanges internationaux.

Si les réseaux internationaux sont gratuits, l'optimisation ne se fait qu'au niveau économique. Si vous intégrez les coûts externes, l'économie pourra toujours être optimisée, mais en tenant compte des opportunités et des coûts sociaux et environnementaux. La conséquence, c'est que la production locale retrouvera sa compétitivité. Cela mettra également fin à la domination de certains secteurs par quelques géants mondiaux et la diversité locale pourra à nouveau s'épanouir et s'imposer. Enfin, cette taxe environnementale pourrait freiner le gigantisme dans le secteur logistique. Peut-être verrons-nous alors naître davantage de réseaux logistiques à taille humaine, plus petits et décentralisés.

Même si mes réflexions à propos de la taxe CO_2 sont essentiellement dictées par les conséquences néfastes du gigantisme, mes inquiétudes en matière de climat jouent également un rôle majeur. Je me suis toujours montré très critique envers l'accord sur le climat signé à Paris en 2015, car il ne prévoit aucune taxe CO_2 sur le transport international. Il est par ailleurs impossible de réduire sensiblement les émissions de CO_2 si l'on ne taxe pas l'énorme pollution provoquée par la logistique internationale.

JOUEURS

8 Accepter les règles sociales

Aucun jeu ne peut être durable si les joueurs n'adoptent pas et ne défendent pas eux-mêmes une attitude durable. Les économistes ont une vision très théorique et mécanique du commerce international, qu'ils estiment toujours positif pour toutes les parties prenantes : au plus il y a d'échanges, au mieux. Dans leurs modèles ils mentionnent toujours les avantages comparatifs, mais ce qu'ils ne disent pas, c'est qu'ils partent de l'hypothèse que tout le monde suit les mêmes règles. Ils oublient que ces règles ne sont pas purement économiques, mais aussi sociales. Le travail des enfants, l'exploitation du personnel et d'autres abus sociaux sont monnaie courante dans notre économie. Mais nous préférons les ignorer, en nous réfugiant dans l'idée que nous sommes en période de transition.

Et en effet, des millions de Chinois sont sortis de la pauvreté grâce au libre échange. Si nous avions imposé nos règles sociales à la Chine, aucun accord commercial international n'aurait été signé en 2001. Mais nous sommes 20 ans plus tard et nous pouvons être plus stricts. Renforcement des règles contre le travail des enfants, normes strictes de sécurité pour le personnel, autorisation des syndicats ou sérieuse protection légale des travailleurs : ce sont des règles que la Chine et de nombreuses économies émergentes auraient déjà dû adopter. Ces pays ont eu le temps de s'adapter, mais ils n'ont pas été suffisamment mis sous pression. En effet, les grandes multinationales ne réagissent généralement que lorsque la démonstration est faite que leurs sous-traitants ne respectent pas la législation et ne se montrent pas suffisamment proactifs en matière de prévention des abus.

Les pays et les entreprises qui n'appliquent pas les normes sociales minimales ne devraient pas être autorisés à participer au jeu économique international. Ceux qui respectent ces règles souffrent d'un handicap par rapport aux fraudeurs et finissent par être sont éliminés. Cela ne peut jamais être l'objectif d'un jeu fair-play.

9 Exclure les tricheurs

Aucun match ne peut se dérouler correctement si personne n'ose exclure les tricheurs. C'est malheureusement le cas dans le jeu économique. Les règles sont parfois trop vagues, trop laxistes, il n'y a pas d'arbitres, ou ils sont eux-mêmes des joueurs à temps partiel. Mais surtout, les tricheurs se sentent forts et intouchables.

Une des raisons qui expliquent pourquoi les punitions sont souvent légères ou ne sont ni prononcées ni appliquées, c'est que le commerce international profite de son image positive, qui exclut toute idée d'entrave. Mais comme déjà indiqué, les économistes se trompent parce qu'ils ne tiennent pas compte de ses autres dimensions.

Résultat : alors que les joueurs respectent les règles strictes du jeu économique, par exemple évitent les cartels sur les prix, ne recourent pas à des pratiques de dumping agressives et respectent les législations locales, ils ne se privent pas de fouler au pied les règles qui ne sont pas purement économiques.

Par exemple, la Chine triche dans le domaine des droits de propriété intellectuelle et ne fait pas grand cas de nombreux droits sociaux (occidentaux), y compris des droits humains élémentaires. Les États-Unis ne respectent pas l'accord sur le climat signé à Paris. Les entreprises américaines peuvent racheter des sociétés dans tous les pays, mais l'inverse n'est pas vrai, sous le prétexte de la sécurité nationale. En Europe, ce n'est pas nécessairement mieux : par exemple, on n'autorise pas les producteurs africains à exporter leurs produits alimentaires chez nous pour des raisons qualitatives (sanitaires). Les oligarques russes appliquent une éthique autre que celle des entreprises occidentales, mais nous n'avons aucune possibilité de sévir. Le Brésil peut détruire la forêt amazonienne pour optimiser son agriculture sans subir aucune sanction. L'Arabie Saoudite ne respecte pas les droits de l'Homme et bombarde même son voisin le Yémen, le renvoyant au Moyen Âge, mais peut participer en toute tranquillité au commerce international.

Le commerce international devrait être réservé aux pays et entreprises honnêtes. Il ne s'agit pas de protectionnisme, mais de protéger la durabilité, pour le plus grand bien de la planète et des populations locales. Si nous voulons protéger l'humanité, la société et la planète contre les tricheurs, nous devons absolument renforcer les règles et agir plus durement contre les contrevenants.

10 Imposer une distance entre les joueurs, les arbitres et ceux qui fixent les règles

Le terme capitalisme de copinage s'applique aux économies où la réussite ne dépend pas de l'audace, de l'innovation ou de l'esprit d'entreprise de leurs dirigeants, mais des liens qu'ils entretiennent avec la classe politique. Ce capitalisme de copinage a pris des proportions inquiétantes dans quasiment tous les pays capitalistes. Et ces liens sont souvent tellement étroits que plus personne ne se pose la question.

Prenons par exemple la *politique de la porte tournante*, un terme qui se réfère à la pratique des politiciens haut placés qui se retrouvent, à la fin de leur mandat politique, au premier échelon du monde des entreprises. L'ancien chancelier allemand Gerhard Schröder ne s'est pas seulement vu confier une haute fonction chez Gazprom, la société pétrolière et gazière russe, mais il siège également en tant qu'administrateur dans la banque d'investissement suisse Rothschild. L'ancien président de la Commission Européenne José Manuel Barroso, a rapidement rejoint la banque d'affaires Goldman Sachs. Et l'ancienne commissaire à la concurrence néerlandaise Neelie Kroes a été nommée à la tête du comité consultatif de la société de taxis Uber et conseillère spéciale de Bank of America Merrill Lynch.

Si ces ponts entre le monde politique et celui des affaires ne sont pas nécessairement une mauvaise chose, ils peuvent générer des conflits d'intérêts : le garde-chasse qui devient braconnier connaît à la perfection les endroits les moins contrôlés (par ces propos, je ne dis pas que toutes les entreprises privées sont des braconniers). Une période de transition d'au moins 12 mois serait déjà une bonne chose, mais certaines fonctions devraient même être totalement interdites. Le mieux serait sans aucun doute de fixer les règles au préalable.

Parmi les autres exemples, on peut citer les nombreuses conférences au sommet où se rencontrent les politiciens et les patrons d'entreprises. La plupart de ces évènements sont inaccessibles pour les entrepreneurs locaux et les patrons de petites multinationales. Le Forum Économique Mondial de Davos (Suisse) est un des exemples les plus connus, aux côtés de la conférence Bilderberg, encore plus sélective. Pendant les missions économiques, la proximité entre le monde politique et celui des affaires est tout aussi grande. Et nous n'avons pas encore parlé des nombreux évènements organisés par toutes sortes de groupes de lobby et où politiciens et hommes d'affaires aiment être vus.

En soi, cette proximité n'est pas nécessairement mauvaise : l'échange d'idées est même potentiellement très positif pour les deux parties. Mais il ne faut pas sous-estimer le danger de ce type de rencontre, qui crée des petits clubs sélects de patrons de grandes entreprises et de politiciens influents dont l'image qu'ils ont du monde sera forcément influencée par ces contacts unilatéraux avec l'élite économique. Et le lobbying n'est jamais loin.

Ce n'est un secret pour personne que le sommet de Davos de 2017 a eu un impact important sur l'accord sur la migration signé à Marrakech en 2018,[41] les grandes entreprises ayant tout intérêt à disposer d'une main-d'œuvre bon marché. Le Forum Économique Mondial à Davos a d'ailleurs toujours été un grand défenseur du libre échange au niveau international. **De plus, cette bulle artificielle créée dans les Alpes suisses fait croire aux politiciens que toutes les mesures économiques qui passent le test de Davos sont automatiquement bénéfiques pour toutes les parties.**

Je plaide donc pour davantage de distance entre les politiciens et les grands patrons et, au minimum, pour une meilleure *gouvernance* de ces contacts. Il est de plus en plus facile de suivre à distance les conférences de Davos et la liste des participants n'est pas trop compliquée à trouver.

Ce n'est donc pas la question. Le vrai problème, c'est que des contacts s'établissent entre un petit club de grandes entreprises et organisations et un petit groupe (qui change régulièrement) de leaders politiques influents. Sans le Forum Économique annuel de Davos, ces grandes multinationales n'auraient pas l'occasion de rencontrer les nouveaux présidents élus dans l'année.

Ce n'est pas aussi innocent qu'il y paraît. Le programme de Davos est bien entendu alléchant, avec des dizaines de présentations et débats intéressants, et pour de nombreux leaders, ce programme représente le prétexte idéal pour justifier leur déplacement vers les montagnes suisses. Mais ce qui importe pour ces décideurs, c'est bien plus les contacts privilégiés et les possibilités de faire passer certaines idées que le contenu de ces présentations. C'est exactement ce que recherchent les sociétés participantes et qui justifie le coût extravagant (*cf. ci-dessous*) de ces quelques jours passés à Davos.

Davos : le prix de l'exclusivité[T]

Plus quelque chose est cher, plus il devient exclusif. À Davos, on l'a bien compris. Il y a quelques années, *The New York Times* a publié le prix de ces quelques jours de réseautage dans les montagnes suisses.[42]

- Cela commence par la *cotisation annuelle* obligatoire au Forum Économique Mondial : en 2001, elle se montait à 52 000 dollars. Un *industry partner* payait 263 000 dollars et un *strategic partner* déboursait même 527 000 dollars. Chaque niveau de participation donne droit à des privilèges spécifiques.
- Il faut ensuite ajouter le prix du ticket d'entrée à la conférence, soit un minimum de 19 000 dollars (hors taxes) en 2011.
- Pour accéder aux sessions privées – où ont lieu les véritables rencontres exclusives –, il faut devenir *industry associate*, ce qui coûte 137 000 dollars par an.

T Prix en vigueur en 2011. En 2014, tous les tarifs ont été majorés de 20 %. En 2019, on peut s'attendre à ce qu'ils aient augmenté d'au moins 30 %.

- Si vous voulez être accompagné par un collègue, vous devez devenir *industry partner* et votre cotisation passe donc à 263 000 dollars. Votre collègue paiera lui aussi un droit d'entrée de 19 000 dollars.
- Si vous voulez emmener un groupe de collègues, vous êtes obligé de devenir *strategic partner* (pour rappel : 527 000 dollars). De plus, vous êtes censé acheter cinq tickets d'entrée au prix unitaire de 19 000 dollars. Parmi vos cinq invités, un d'entre eux au moins doit être une femme.

Une entreprise ne peut devenir *strategic partner* que si elle fait partie du top 250 mondial.

Bien entendu, ces montants vous donnent uniquement accès au Forum et à ses conférences. Vous devez ajouter bien d'autres frais. La station de ski n'est pas connue pour être particulièrement bon marché mais, pendant le Forum, les hôtels sont tout simplement impayables pour les simples mortels. La plus petite chambre coûte au minimum 500 dollars la nuit. Si vous préférez un chalet, il vous en coûtera 150 000 dollars pour une semaine.

Au final, la facture peut très vite dépasser 1 million de dollars. Bien entendu, les entreprises ne dépensent pas tout cet argent pour aller écouter les conférences puisqu'elles peuvent être suivies gratuitement par tous. Il est donc logique de penser que les motivations sont ailleurs.

Les conférences Bilderberg sont encore plus exclusives et secrètes. En réalité, elles se situent à la limite de ce qui est démocratiquement acceptable, parce qu'elles rassemblent une petite élite du monde des affaires et un nombre restreint de leaders du monde politique et d'institutions influentes. Ce type de politique en coulisse crée d'ailleurs un terreau favorable pour les protestations des anti-mondialistes, des « gilets jaunes » et d'autres groupes d'action.

Ce serait déjà un grand pas si cette élite, les médias et les organisations démocratiques prenaient conscience que Davos, Bilderberg et les autres clubs créés par les *Goldman Sachs* et les *Rothschild* de ce monde sont susceptibles de perturber le jeu économique.

SAUVER LE CAPITALISME DES FAUX CAPITALISTES

Cela ne ferait pas de mal si les décideurs politiques se mettaient à réfléchir aux solutions proposées ci-avant. Mais si je dois établir un classement des propositions ayant potentiellement le plus d'impact, l'ordre de priorité serait sensiblement différent. Imaginons que les leaders mondiaux me demandent de réformer le jeu économique, par où devrais-je commencer ? Quelle est la faisabilité de ces propositions ?

Mon top 3 des mesures urgentes :

- Renforcer les mesures antitrust;
- Mettre fin aux contacts trop étroits entre les dirigeants d'entreprises et le monde politique (capitalisme de copinage);
- Introduire une taxe mondiale sur le CO_2 pour le transport international (maritime et aérien).

Ces trois mesures auraient un impact très important non seulement sur le gigantisme, mais aussi sur la société et sur l'environnement. Ce sont les trois mesures les plus urgentes à prendre si nous voulons sauver le capitalisme et en finir avec les abus actuels des règles du jeu capitaliste.

Non pas que les autres propositions ne sont pas importantes. Au contraire. Mais, si nous voulons que les choses changent rapidement, nous devons commencer par les mesures ayant le plus grand effet de levier. Le débat sur la politique des banques centrales est par exemple beaucoup plus complexe. De plus, elles se réfugient derrière leur indépendance par rapport au monde politique. Je serais tenté d'interdire aux grandes entreprises de racheter d'autres sociétés, mais la Champions League dans le football nous a appris que les grands clubs se préoccupaient peu des commissions relatives au *fair-play* financier et continuaient stoïquement à piller les talents des autres clubs. Il faudrait également faire respecter et renforcer les règles sociales, mais pour toutes sortes de raisons, nombreux sont ceux qui craignent de l'exiger par exemple de la Chine et d'autres économies émergentes.

Comme je serais heureux de pouvoir proposer ce menu au Forum Économique Mondial de Davos ou lors d'une session de la conférence Bilderberg ! Mais soyons réaliste : il est très peu probable que j'aurai un jour l'occasion de leur transmettre ce message. La question est de savoir si ces géants réalisent qu'ils sont responsables de l'instabilité qui règne dans

TABLEAU 9 Le post-gigantisme est à portée de main, étape par étape
Source : analyse propre.

Étape	Mesure	Impact sur le gigantisme	Faisabilité
5	RENFORCEMENT DES LOIS ANTITRUST	1	+
10	LUTTE CONTRE LE CAPITALISME DE COPINAGE	2	+
7	TAXE CO_2 SUR LE TRANSPORT INTERNATIONAL	3	+
3	SUBSIDIARITÉ : DÉCENTRALISER LÀ OÙ C'EST POSSIBLE	4	+
6	INTERDIRE AUX GÉANTS DE PROCÉDER À DE NOUVELLES ACQUISITIONS	5	-
2	FIN DU STATUT « *TOO BIG TO FAIL* »	6	=
4	SUPPRESSION DES PRIVILÈGES, AUGMENTATION DE L'IMPÔT DES SOCIÉTÉS AU NIVEAU INTERNATIONAL, ET FIN DES DIFFÉRENCES DE TAXATION ENTRE LES MULTINATIONALES ET LES PME	7	+
1	MOINS D'INTERVENTIONNISME DE LA PART DES BANQUES CENTRALES	8	-
8	ACCEPTATION DES RÈGLES SOCIALES	9	=
9	EXCLUSION OU SUSPENSION PROLONGÉE DES TRICHEURS	10	-

le monde. Les banques centrales ont-elles compris qu'elles perturbaient le jeu économique, à la manière du banquier qui distribue de l'argent au jeu de Monopoly ? L'OCDE, le FMI et les gouvernements nationaux ont-ils compris que les petits privilèges fiscaux et financiers protègent surtout les pirates financiers ? Le monde politique et les chefs d'entreprises savent-ils que les frustrations – et finalement la violence gratuite – des « gilets jaunes » et des anti-mondialistes trouvent leur origine dans le non-respect et/ou l'absence de règles équitables ?

Certains souligneront peut-être que le spectacle de la Champions League est unique. Cela me fait penser à Lance Armstrong, qui avec son cocktail d'EPO, de testostérone et autres corticoïdes et stéroïdes affrontait d'autres coureurs cyclistes pour la plupart chargés autant que lui du même mélange de produits dopants.

Oui, le football serait peut-être moins spectaculaire si tous les meilleurs joueurs n'étaient pas concentrés dans quelques clubs. Mais le spectacle peut-il se faire au détriment de la société ? Il s'agit de choix éthiques et sociétaux. Par ailleurs, je suis convaincu que, dans le passé, le spectacle était différent et qu'il y avait plus de suspense et d'engagement. Dans le football actuel, les joueurs me font surtout penser aux petits bonshommes du jeu vidéo FIFA.

Pour moi, le choix est évident parce que je sais comment les choses se passaient avant la naissance de la Champions League. Pour la nouvelle génération, c'est peut-être plus difficile, car elle ne peut imaginer une autre réalité économique.

Si les décideurs politiques comprenaient que le sauvetage des (trop) grandes banques avec l'argent du contribuable *n'a pas sauvé le système*, mais a *protégé un système qui a déraillé*, nous n'aurions pas perdu dix années depuis la grande crise financière et économique. J'entends encore trop souvent des politiciens et banquiers centraux déclarer : « Nous n'avions pas le choix, car cela aurait signifié l'implosion de l'ensemble du système ». Eh bien, aujourd'hui, le système qu'ils veulent maintenir est déséquilibré, malhonnête et malsain pour le climat et l'humanité. Et il existe des solutions alternatives à l'implosion. Il est possible d'accompagner le système dans sa transition et de modifier sa structure. Le problème, c'est que les patrons sont aussi souvent les contrôleurs et responsables politiques au sein de ce même système. Hélas, les défenseurs d'un nouvel ordre économique plus équilibré ne sont pas à la barre dans les moments cruciaux où il faudrait changer de cap.

C'est pourquoi les vrais changements n'ont lieu que pendant les crises graves ou au moment où l'ancien système finit malgré tout par imploser. L'histoire nous a appris que, dans ce chaos et cette anarchie, les citoyens lambda étaient toujours les dindons de la farce et que ces périodes pouvaient mener à des conflits militaires et à des crises humanitaires. C'est pourquoi nous avons tout intérêt à défendre les idées et les solutions proposées. Nous devons sauver le capitalisme des abus perpétrés par les tricheurs.

CONCLUSION

CHANGEONS LES RÈGLES DU JEU POUR DOMPTER LES GÉANTS ET POUR RENDRE AUX INDIVIDUS ET À LA NATURE LA PLACE QUI LEUR REVIENT DANS L'ÉCONOMIE MONDIALE

Le titre de ce livre – *Gigantisme* – n'a pas été choisi au hasard. Il ne signifie pas uniquement «trop grand». La signification de «gigantisme» fait davantage référence à la «maladie» économique que j'ai voulu analyser, à savoir: taille anormalement grande (par exemple, en biologie), croissance excessive suite à un déséquilibre hormonal (en médecine), taille excessive atteinte par certaines plantes suite à une polyploïdie (aberration chromosomique)[u]. Toutes ces définitions peuvent s'appliquer aux diverses facettes de la maladie économique dont souffrent notre société et notre planète. Le gigantisme perturbe l'équilibre de tous les organismes, de la société, du climat et, finalement de tous les écosystèmes. Oui, cela semble dramatique, et c'est bien le cas.

Cela signifie aussi que la fin du gigantisme pourrait résoudre totalement ou partiellement une série de problèmes, alors qu'aujourd'hui, nous ne luttons que contre les symptômes: obésité, harcèlement, suicide, criminalité, burn-out, pollution de l'air, gaz à effet de serre, aliénation et déshumanisation de notre économie.

Le gigantisme génère des tumeurs, des cancers. Ce problème ne se limite pas à la biologie, mais touche aussi l'économie et la société. C'est un fait connu depuis longtemps. Ces 30 dernières années, des économistes ont tenté de présenter leur domaine de compétence comme une science exacte. Ils ont quantifié l'économie, ont tenté de la modéliser avec des formules – baptisées *lois* – dont découlent des modèles économétriques. Ces modèles macro-économiques sont utilisés avec arrogance pour

---

u La polyploïdie est une mutation du nombre de chromosomes chez les organismes eucaryotes. On l'appelle aussi mutation de la ploïdie ou mutation du génome.

planifier ou modifier l'économie, parfois via des *bureaux du plan* officiels, ou aujourd'hui, dans une large mesure, par les banques centrales.

Cette expérience est vouée à l'échec, car plus nous centralisons la prise de décision, plus les personnes et la société se sentent oubliées. L'économie qui ne s'intéresse pas à la société provoque d'importants déséquilibres qui font sentir leurs effets bien au-delà du champ purement économique : problèmes climatiques, inégalités, maladies de civilisation, etc.

Les économistes feraient donc mieux de privilégier une approche plus philosophique et de réfléchir aux conséquences sociales des choix économiques et des structures mises en place. C'est aussi à ce niveau méta-économique que nous devons fixer les règles du fair-play. Car un système économique sans règles équitables est un non-sens et il génère des gagnants qui pervertissent de plus en plus le système.

Le système économique doit être réorienté dès qu'il s'écarte trop de l'humain. C'est là que se situe aujourd'hui le principal problème du gigantisme, problème qui était par ailleurs déjà connu des fondateurs de la théorie économique comme Adam Smith (1723-1790). Ces économistes avaient compris qu'il fallait mettre les entreprises en concurrence et que l'économie avait besoin d'innovation et de liberté d'entreprendre, et que, lorsque les entreprises devenaient trop grandes et étouffaient la concurrence, l'économie tombait malade.

Les choses ont progressivement changé avec l'école de John Maynard Keynes (1883-1946). Cet économiste britannique estimait plutôt que ses confrères et leurs modèles devaient avoir un rôle moteur. Cette approche lui a conféré beaucoup de pouvoir, ainsi qu'aux gouvernements qui ont adopté ses principes. Keynes n'était pas favorable à théorie de la concurrence parfaite, parce qu'il estimait que les consommateurs et l'économie dans son ensemble passaient à côté de certains avantages. Même si Keynes était surtout connu pour ses idées sur le déficit budgétaire et l'interventionnisme politique en temps de crise, il était aussi « corporatiste »,[43] en particulier à la fin des années 1920, lorsque l'économie américaine était dominée par des entreprises géantes. À cette époque, les États-Unis comptaient par exemple trois grands constructeurs automobiles et le secteur représentait une des principales branches industrielles.

L'économiste américain Edmund Phelps a mené des recherches sur les théories de Keynes[44] et est arrivé à la conclusion que l'oligopole, entre autres dans le secteur automobile, pouvait s'expliquer par le fait que Keynes croyait au pouvoir des grandes entreprises. Le Britannique était par ailleurs convaincu que le corporatisme permettait aux gouvernements de mieux piloter l'économie dans la direction souhaitée.

Keynes a eu d'autres effets involontairement néfastes sur la macro économie. La gestion *top-down* part toujours de bonnes intentions, mais génère des excès, des déséquilibres et exige sans cesse de nouveaux ajustements, qui se traduisent par de nouvelles mesures excessives et qui aboutissent finalement à des interventions permanentes comme celles que nous constatons aujourd'hui dans toutes les facettes de l'économie mondiale.

Cependant, ces instances interventionnistes n'ont pas vu venir les grandes crises. Et leurs prétendues solutions ne sont rien de plus que des tentatives de se racheter un peu de temps (*kicking the can down the road*, comme le disent si bien les Anglais).

Vu que le monde compte aujourd'hui de nombreuses grandes entreprises et que nous sommes simultanément confrontés à un recul de la productivité et à une hausse excessive des marges bénéficiaires de quelques sociétés, nous pouvons supposer que quelque chose ne tourne pas rond dans notre économie. La concurrence ne fonctionne pas et l'innovation est bridée parce que les petites entreprises sont trop rapidement rachetées ou mises hors jeu par les grandes multinationales. Il n'y a pas de *level playing field*. L'économiste Friedrich Von Hayek[V] (1899-1992) et l'historienne et économiste Deirdre McCloskey[45] sont tous deux des penseurs libéraux, mais ils sont opposés aux monopoles et aux oligopoles, en particulier s'ils sont dopés par les interventions ou les réglementations mises en place par les pouvoirs publics.

V Von Hayek était aussi opposé aux monopoles et oligopoles.

Le problème n'est pas tant le néolibéralisme ou le néocapitalisme, qu'un capitalisme qui ne respecte plus ses propres règles. Les entreprises atteignent des tailles qui seraient impensables dans un système capitaliste fonctionnant correctement, grâce à l'absence de concurrence ou aux avantages obtenus par du lobbying et des contacts étroits avec le monde politique. Von Hayek et McCloskey insistent sur la nécessité d'intégrer l'ensemble des citoyens dans le processus créatif – c'est-à-dire chaque individu et chaque talent, du sommet à la base de l'organisation et de la société – et pas seulement une élite protégée et corporatiste. D'après McCloskey, c'est à ce facteur que l'on doit l'énorme croissance de la richesse en Occident au cours des derniers siècles. L'innovation ne se limite pas aux grandes découvertes et nait aussi de la compétence des employés et de chaque petite amélioration du processus de production qu'ils proposent. **Les organisations doivent donc être suffisamment décentralisées afin que chaque collaborateur se sente impliqué et responsable. Dans les entreprises géantes ou dans les institutions publiques démesurées, c'est très difficile, pour ne pas dire impossible.** Nous nous privons donc d'un important potentiel économique. Pour ces mêmes raisons, les collaborateurs ne se sentent plus impliqués.

Le problème du corporatisme, c'est qu'il bride l'esprit d'entreprise. Les entrepreneurs doivent surmonter de plus en plus d'obstacles et obtenir l'autorisation des pouvoirs publics, des partenaires sociaux, des associations professionnelles, des fédérations sectorielles, des instances délivrant les permis d'exploitation, etc. C'est un véritable parcours du combattant pour les petites entreprises, tandis que les grandes sociétés tentent de rehausser encore davantage les barrières à l'entrée, la complexité des réglementations et de l'obtention des autorisations étant la meilleure alliée de leur position dominante.

Le gigantisme est né de structures *top-down*, d'un corporatisme très poussé et de la foi dans les lois mathématiques avec lesquelles les professeurs d'économie ont formé des milliers d'étudiants qui occupent désormais des postes clés. Par exemple, l'idée que le libre échange est toujours positif a eu d'énormes conséquences sur le climat et sur les structures sociales. La gestion par les pouvoirs publics, tellement encouragée par Keynes, fausse la concurrence, dope certaines entreprises, et pousse à un endettement excessif pour des résultats loin d'être optimaux. Il est crucial de comprendre que la pensée strictement économique met de côté de nombreuses autres dimensions et peut donc avoir des conséquences sociales négatives. **Nous avons donc besoin d'économistes moins « puristes » et plus expérimentés dans d'autres domaines académiques : psychologie, sciences, sociologie et droit. Et nous avons surtout besoin de plus d'économistes ayant une vision philosophique et éthique.** Les économistes croient dans les économies d'échelle et des armées de consultants ont transmis comme une religion cet axiome économique dans tous les secteurs : dans les entreprises, mais aussi dans les écoles, les hôpitaux et les administrations. **Les économies d'échelle sont trop souvent présentées comme solution voire comme stratégie. Finalement, elles sont souvent décevantes** et leur impact sur d'autres plans, notamment social, environnemental, psychique, etc. passe souvent inaperçu.

« *Small is beautiful* » : devons-nous changer totalement de cap ? Leopold Kohr, que nous avons déjà cité, avait choisi l'autre camp et affirmait : « Si quelque chose tourne mal, c'est toujours parce que c'est trop grand. Si les étoiles dans le ciel ou les atomes d'uranium se désintègrent, ce n'est pas parce que leur substance s'est déséquilibrée, mais parce que la matière a essayé d'aller au-delà des limites infranchissables fixées pour chaque accumulation. Leur masse est devenue trop importante. Si le corps humain tombe malade, par exemple est atteint d'un cancer, c'est parce qu'une cellule ou un groupe de cellules sortent de leurs limites prédéterminées. Si un corps social est contaminé par une fièvre d'agression, de cruauté, de collectivisme ou de bêtise généralisée, ce n'est pas parce que ce peuple est devenu victime d'un mauvais *leadership* ou de désordre mental, **mais parce que ces personnes – aussi charmantes soient-elles en tant qu'individus ou en petits groupes – se sont fondues dans des unités sociales surconcentrées** comme les foules, les syndicats, les cartels ou les grandes puissances ».[46] La théorie de Kohr se rapproche de l'anarchisme, du rejet de toutes les structures, mais comprend aussi de nombreux éléments qui pourraient apporter une solution aux maux actuels : décentralisation, cités-États et application du principe *small is beautiful*.

Son disciple Ernst Friedrich Schumacher[47] (1911–1977) a cherché une voie un peu plus modérée et fut également un des premiers à réaliser que la croissance économique pouvait avoir d'énormes conséquences environnementales.[W] Schumacher serait certainement ravi de lire ce livre, même s'il est probable qu'il estimerait que les solutions proposées dans le chapitre précédent ne sont pas suffisamment radicales. Alors que je souhaite m'attaquer aux excès et changer les règles du jeu pour rendre la croissance plus durable et prévenir le gigantisme, Schumacher aurait été encore plus loin, se serait montré plus anti-mondialiste et aurait plaidé pour un localisme encore plus extrême que les cités-États ou États-membres.

Mais une telle attitude mène aux excès inverses et conduit à une sorte de société utopique que seule une minorité de la population souhaite réellement. Les citoyens se sentiraient limités dans leurs libertés et leur épanouissement. Nous pourrions en arriver à des systèmes totalitaires de gauche. **Les systèmes socialistes purs et durs rognent les ailes du développement personnel et des libertés, et brident l'innovation et la hausse de la productivité, tout en étant incapables de créer suffisamment de richesses pour financer les (fausses) promesses socialistes.** Et la situation pourrait être pire si l'on songe aux idéaux communistes qui sommeillent. Imposés par une minorité, ils appauvrissent et asservissent la population, intellectuellement et matériellement.

C'est peut-être pour cela que l'idée du *small is beautiful* de Schumacher n'a jamais percé. **La recherche d'un équilibre entre la droite et la gauche, entre maxi et mini, entre la mondialisation et l'esprit de clocher est un exercice socio-économique difficile.** Les extrêmes sont plus faciles à comprendre et trouvent écho chez quelques fervents défenseurs. Parfois par pur intérêt personnel, parfois par paresse intellectuelle. Car, pour

---

W Pendant la Deuxième Guerre Mondiale, l'Allemand Schumacher est fait prisonnier en Angleterre et reçoit l'aide d'un autre économiste, John Maynard Keynes, pour ses recherches. Keynes a plagié le travail de Schumacher et l'a repris dans son livre *Plan for an International Clearing Union.*

trouver un équilibre, il faut analyser et essayer de comprendre les points de vue des deux parties et en extraire les meilleurs éléments.

Dans mon analyse concernant par exemple les écoles et les hôpitaux, et l'institutionnalisation de ces importants services, je m'inscris en partie dans la ligne du philosophe autrichien Ivan Illich (1926–2002), qui avait déjà mis en garde contre cette standardisation et cette normalisation, qui selon lui mettaient sous pression notamment les performances en matière d'enseignement et la consommation dans les soins de santé. Malgré tout, je ne me considère pas comme un pessimiste qui voit les technologies comme un mal insidieux. Au contraire, la technologie fait partie de la solution et nous permettra de gérer nos systèmes de manière de plus en plus décentralisée. Et cela pas uniquement dans les technologies de l'information et de la communication, mais de plus en plus dans les secteurs énergétique et logistique.

Je trouve important que chaque individu puisse continuer à jouir de sa liberté et ne soit pas contraint par un système et ses experts à être un suiveur docile. Cela ne signifie pas que les experts ne puissent pas jouer le rôle de conseillers. Pendant les crises, les décideurs devraient pouvoir faire appel plus rapidement à un comité d'experts fiables et s'assurer d'une diversité d'opinions suffisante. Keynes était un expert reconnu après la Première Guerre Mondiale et sa théorie a refait surface après la crise financière de 2008. Mais elle n'est pas infaillible et elle comporte de nouveaux risques sur les plans économique et sociétal. Les théories de Keynes sont peut-être en partie indissociables de son époque. On a surconsommé ses remèdes économiques avant la crise des années 1930.

Le principal rôle des économistes et des décideurs politiques reste le même que celui des pompiers : leur succès ne dépend pas de leur capacité à utiliser un extincteur mais à prévenir les incendies. C'est ce que je reproche aux banques centrales, aux responsables politiques, mais aussi aux banquiers et aux chefs d'entreprises. Avec leur interventionnisme fréquent, ils ont créé un climat d'irresponsabilité collective où l'on s'attend à ce que le gouvernement intervienne pour sauver les meubles au niveau social, financier et climatique si les choses dérapent. Keynes a créé l'illusion que les gouvernements pouvaient intervenir en temps de crise en investissant de l'argent public ou en prenant d'autres mesures. Mais à cause de cette croyance, les acteurs économiques se comportent de manière de plus en plus téméraire et les incendies sont de plus en plus violents. Les pouvoirs publics doivent intervenir de plus en plus souvent, et avec des moyens de plus en plus importants. Résultat : les bilans des banques centrales sont surdimensionnés et les dettes souveraines historiquement élevées. La marge d'intervention se réduit de plus en plus, tandis que les mesures nécessaires menacent d'être de plus en plus massives. Résultat, le capitalisme est en train de flirter avec ses limites.

Et ce, pas uniquement au niveau financier. De la même manière, les défis climatiques sont devenus gigantesques. L'esprit d'irresponsabilité collective se répand, et avec la menace de *dérapage* imminent du processus, on compte sur des pouvoirs publics forts pour résoudre la question. C'est « *the tragedy of the commons* » (la tragédie des biens communs ou des ressources communes). Si personne ne se sent responsable de la qualité de l'air, de la pollution ou des biens publics, les autorités seront impuissantes malgré tous leurs efforts.

Le capitalisme est le meilleur système pour notre économie, mais pas dans sa forme actuelle, qui est précisément la principale responsable du gigantisme. Si nous voulons sauver le capitalisme, nous devons prendre des mesures radicales, en particulier en matière de cartels et de capitalisme de copinage, tant au niveau national qu'international. Nous savons déjà qu'il ne sera pas facile de faire appliquer ces mesures en dehors de l'Europe. Le Vieux Continent a jusqu'ici assez bien réussi à contrôler la croissance de ses champions régionaux, mais ce n'est pas le cas de la Chine et des États-Unis qui continuent à croire à l'intérêt de disposer de géants économiques et à l'importance de ces grandes entreprises pour l'hégémonie de leur empire économique. Même si les économies chinoise et américaine commencent à souffrir de problèmes dus à ce gigantisme, il faudra encore du temps pour que le balancier s'inverse. Sans traités internationaux, les grandes puissances économiques n'arriveront pas à s'accorder.

Si nous voulons limiter le gigantisme, nous devrons changer les règles de la mondialisation. Les coûts sociaux et environnementaux ne sont pas suffisamment pris en compte dans les choix économiques opérés au niveau mondial. Si l'on ne tient compte que des impulsions économiques dans l'optimisation de la production, alors l'humanité et l'environnement seront les dindons de la farce. L'imposition d'une taxe mondiale sur le CO_2 sur les transports internationaux changerait totalement le jeu économique. Les productions locales seraient à nouveau viables et de nombreux transports internationaux perdraient leur utilité. Si les flux logistiques tenaient compte de l'Homme et de la nature, nous pourrions freiner la tendance à construire des navires, des ports et autres équipements de plus en plus grands.

Les économistes brandissent un peu trop rapidement le slogan « le protectionnisme est mauvais pour la prospérité ». Cet axiome économique est d'autant plus incorrect si l'on intègre les aspects sociaux et environnementaux dans l'équation. L'Europe applique déjà une forme de protectionnisme sur base des normes de qualité. Par exemple, la directive REACH[x] oblige les sociétés chimiques à mettre en place un circuit fermé (système de recyclage). Les constructeurs automobiles et les producteurs de produits alimentaires ou de grande consommation doivent se conformer à des règles de sécurité très précises. Pourquoi l'Europe ne serait-elle pas plus exigeante envers l'importation de produits chinois ou américains dont les fabricants violent les normes sociales et environnementales ?

Entre parenthèses : aux États-Unis également retentit l'appel pour plus de protectionnisme, par exemple pour mettre fin au vol présumé de propriété intellectuelle par les entreprises chinoises. Nous pourrions également prendre des mesures protectionnistes dans certains secteurs si nous voulions protéger nos droits de propriété ou les biens publics :

---

x REACH (acronyme de *Registration, Evaluation, Authorisation and Restriction of Chemicals*) est une directive européenne qui impose au secteur des substances chimiques de garantir le contrôle, la récupération et le recyclage, des matières premières au produit fini.

pensez aux sociétés de services aux collectivités ou aux infrastructures qui concernent la société tout entière, comme les ports, les aéroports, les hôpitaux, les réseaux d'éclairage, l'électricité, etc.

Une des conclusions importantes de ce livre, c'est que le jeu économique est perturbé par une nouvelle forme d'économie planifiée, surtout visible au niveau des banques centrales, et qui avantage les grandes entreprises de manière disproportionnée. Les autorités occidentales doivent oser décentraliser leurs propres structures. La tendance à construire des écoles, des hôpitaux et des centres administratifs de plus en plus grands – sous prétexte d'efficacité économique ou technologique – a de nombreux effets pervers. Comme nous l'avons dit, le gigantisme de ces écoles et hôpitaux et d'autres services publics se traduit non seulement par une aliénation croissante des citoyens, mais aussi par des comportements de harcèlement et de criminalité dans les écoles, et conduit à la disparition des sentiments d'appartenance et de sécurité.

J'ai décrit le gigantisme sous toutes ses formes et dimensions. Il suffit de regarder la couverture du livre : ce bâtiment a-t-il été conçu pour les humains ? Ou sert-il l'ego et la gloire des puissants ? Est-il conçu pour y habiter, travailler, vivre ? Ou pour impressionner ?

Si nous voulons un avenir digne, nous devons clairement mettre fin à la course au gigantisme et faire le choix de la lenteur et d'un monde à taille plus humaine. Ces trois conditions sont liées. Nous devons moins nous laisser diriger par des experts et des modèles mathématiques. Nous devons ralentir et renoncer au dopage économique et à ses conséquences, dont le surendettement. Nous devons laisser les choses évoluer selon leur rythme naturel. Et nous devons être plus humains, parce qu'une économie plus proche de l'Homme peut prévenir les maladies de civilisation que nous n'aurons plus à combattre à grand renfort de substances chimiques.

Cette économie n'est pas une utopie. C'est une économie qui tient compte de toutes les dimensions de l'Homme : sociale, environnementale et économique. Elle est très différente de l'idéologie économique unidimensionnelle que les économistes distillent depuis des décennies dans le monde politique via les universités et à coup de théories pseudo-

scientifiques. Je reproche aux économistes non seulement de penser trop souvent de manière monolithique, mais aussi de conduire le nez dans le guidon, sans vision à plus long terme. Car, si dans un premier temps les effets peuvent être bénéfiques (économies d'échelle par exemple), lors des étapes suivantes des effets secondaires négatifs peuvent apparaître (par exemple, la déshumanisation de l'économie et les problèmes climatiques). Les économistes ont aussi trop tendance à modéliser l'économie et à la piloter sur base de leurs modèles. C'est une forme d'arrogance qui permet à ces économistes de s'adjuger des rôles importants (comme les banquiers centraux), en totale indépendance par rapport au monde politique et aux processus démocratiques. L'économie n'est pas une science exacte, à condition bien entendu qu'on puisse la qualifier de science.

Enfin, les économistes basent leurs modèles sur des scénarios simplistes : un nombre limité de pays et de produits, un concept de concurrence parfaite, des marchés financiers efficaces, des consommateurs rationnels avec comme axiome de pouvoir s'appuyer sur des pouvoirs publics irréprochables capables d'intervenir rapidement si nécessaire et sur des régimes fiscaux équitables. Ces postulats sont à des années-lumière de la réalité.

Et lorsqu'un problème se présente, les économistes ont tendance à voir les choses en « grand » : interventions massives, injections de capitaux dans l'économie, augmentation des déficits publics, organisation de grands renflouements d'entreprises et de banques. Envoyez les économistes à Yellowstone et laissez-les découvrir qu'il n'est pas toujours nécessaire d'entamer de grands travaux d'infrastructure pour corriger un dérapage. Il suffit parfois d'introduire quelques loups pour rééquilibrer l'écosystème. Les économistes doivent apprendre à penser « plus petit », « plus proche » de l'humain, « meilleur » pour l'écosystème dont nous faisons tous partie. Invitons-les à jouer au Monopoly pour leur montrer qu'ils ne connaissent plus les règles et qu'ils sous-estiment les conséquences de leur ignorance.

Il serait trop facile d'être fataliste et de rejeter l'ensemble du système. Non, l'économie n'est pas fichue. Le monde ne s'écroulera pas à cause d'une canicule, les Pays-Bas ne disparaîtront pas sous des mètres d'eau. Nous n'avons pas besoin d'euthanasier l'économie. Nous ne devons même pas renoncer à nos propres intérêts et imposer l'intérêt général d'une main de fer, comme c'est le cas dans les régimes totalitaires. Il suffit d'encourager l'Homme à se montrer créatif, de travailler ensemble pour trouver des solutions aux problèmes complexes comme les maladies, le climat ou les systèmes financiers. Plus nous serons nombreux à y travailler, mieux cela sera. Plus cette recherche deviendra le monopole de quelques-uns (des petites élites ou des grandes structures qui ne sont pas devenues puissantes grâce à leurs talents, mais au népotisme), plus le système se grippera pour se transformer en une gigantesque crise. Nous ne devons donc pas rejeter tout le système, mais nous devons avoir le courage de nous montrer critiques et de prendre les mesures qui s'imposent.

POSTFACE

L'idée de ce livre – *Gigantisme* – a germé en 2012, c'est-à-dire il y a plus de six ans. Il m'a fallu au moins autant de temps pour l'écrire que mon premier ouvrage *Econochoc*, dont l'idée de base et la structure remontaient à 2005, et qui a finalement été publié en octobre 2008. J'en conclus qu'il me faut entre trois et sept ans pour mettre une idée sur papier. Comment l'expliquer ? Peut-être par manque de temps, car je suis également entrepreneur, sportif et père de famille. Et puis, les idées s'améliorent avec le temps, un peu comme le bon vin. Un concept doit mûrir si on veut le transformer en un livre sérieux et bien documenté.

La première interview pour *Gigantisme* a eu lieu en 2013, et le premier TED *Talk* en 2014. Des centaines de balades à vélo plus tard (mes idées se mettent en place en pédalant), les choses ont pris une tournure plus claire et j'ai mené des recherches sur différentes facettes, afin que chacune d'elle soit analysée de manière approfondie. J'ai pu tester certaines idées dans des écoles, avec des étudiants de terminale, qui allient spontanéité et ouverture d'esprit, et qui peuvent aussi se montrer très critiques.

Mais toutes les bonnes idées ne font pas un bon livre. Je souhaite en tout cas que *Gigantisme* soit lu et que chaque lecteur en retire quelque chose. À vrai dire, je souhaite reverser mes droits d'auteur à tous les acheteurs qui ne le liront pas. Car je crains que de nombreux livres à la mode ne servent qu'à garnir les bibliothèques et soient trop peu lus.

Ce livre n'aurait jamais pu voir le jour sans ma famille : Valérie, Jolien et Quinten, qui m'ont apporté une aide précieuse. Jolien a vérifié les sources et les données et Quinten a conçu la couverture. Et, jour après jour, Valérie nous a motivés à avancer, jusqu'à ce que le 'gigantesque' travail soit prêt. Hua Hu, un ami de Jolien, a collaboré aux fondements scientifiques et à la réflexion critique.

Je souhaite également remercier de tout cœur plusieurs personnes : Johan Van Overtveldt pour son soutien et ses idées dans le domaine de l'économie, et Hendrik Opdebeeck, qui m'a beaucoup aidé à développer les aspects philosophiques du livre.

Merci à Jan Lodewyckx pour la rédaction finale, qui nous a réunis à nouveau pour ce beau projet, dix ans après la publication d'*Econochoc*.

Je remercie aussi les collaborateurs de Lannoo, qui n'ont pas ménagé leur peine pour produire un livre dont chacun puisse être fier. Il a fait l'objet de beaucoup d'attention et a été agrémenté de beaux graphiques avec une relecture et une mise en page soignées. Je ne crois pas que les robots pourront un jour produire d'aussi beaux livres. Il leur manque l'amour du papier et l'interaction avec toutes les personnes qui jouent un rôle indispensable dans le processus de création.

TABLEAUX

FIGURES

INDEX

NOTES

1 Leonhardt, David, « The charts that show how big business is winning », *The New York Times*, 17 juin 2018, *https://www.nytimes. com/2018/06/17/opinion/big-businessmergers. html?action=click&module=Related-Links&pgtype=Article.*

2 Peel, Quentin, « Merkel warns on cost of welfare », *Financial Times*, 16 décembre 2012, *https://www.ft.com/content/8cc0f584-45-fa-11e2-b7ba-00144feabdc0.*

3 Giancotti, M., Guglielmo, A., Mauro, M., (2017), Efficiency and optimal size of hospitals : results of a systematic search, *PloS one*, 12(3), e0174533.

4 Bordo, M. D., & Jonung, L., (1999), The future of EMU : what does the history of monetary unions tell us ? (No. w7365), *National bureau of economic research*, http://www.nber.org/papers/w7365.

5 Grullon, G., Larkin, Y., & Michaely, R., Are U.S. Industries Becoming More Concentrated? (25 octobre 2018), Forthcoming, *Review of Finance*. Disponible chez SSRN : https://ssrn.com/abstract=2612047.

6 Veugelers, Reinhilde, (2018), Are European firms falling behind in the global corporate research race ? (No. 25100), *Bruegel*, http://bruegel.org/reader/EU_firms_in_the_global_corporate_research_race#.

7 Döttling, R., Gallardo, G. G., & Philippon, T., (2017), 'Is there an investment gap in advanced economies? If so, why', mimeo.

8 Salinas, Sara, "Amazon raises minimum wage to $15 for all US employees" CNBC, 2 octobre 2018, https://www.cnbc.com/2018/10/02/ amazon-raises-minimum-wage-to-15-for-allus- employees.html.

9 Miles, L., Borchert, A., & Ramanathan, A. E., (2014), Why some merging companies become synergy overachievers, *Bain & Company*, https://www.bain.com/insights/why-somemerging- companies-become-synergyoverachievers.

10 Lewis, A., & McKone, D., (2016), So many M&A deals fail because companies overlook this simple strategy, *Harvard Business Review*, 1–5.

11 Nguyen, H., & Kleiner, B. H., (2003), The effective management of mergers, *Leadership and Organizational Development Journal*, 24/8, 447–454.

12 Johansson, Å., Skeie, Ø. B., Sorbe, S., & Menon, C., (2017), Tax planning by multinational firms, *OECD working papers*, No.1355, https://www.oecd.org/eco/Tax-planning-bymultinational-firms-firm-level-evidencefrom- a-cross-country-database.pdf.

13 D'après le professeur James A. Thurber, department of government, school of public affairs, American University, Washington.

14 How EU Markets Became More Competitive Than US Markets : A Study of Institutional Drift, Germán Gutiérrez, Thomas Philippon, *NBER Working Paper* No. 24700, juin 2018.

15 Calculs effectués par Jolien Noels et Hua Hu sur base de la banque de données de Bert Kassies.

16 Cunningham, C., Ederer, F., & Ma, S., (2018), *Killer acquisitions.*

17 Target et Kmart.

18 Bed Bath and Beyond, Albertson, Walgreens, CVS Caremark, Lowe's, Best Buys, Safeway, Publix, Macy's, Dollar General, The Gap, Sears, Costco, Kroger, Home Depot, Target, etc.

19 *Journal of Commerce*, Eric Johnson, senior technology editor, 21 mai 2018.

20 Alliance for American Manufacturing, 2016.

21 Jia, P., (2008), What happens when Walmart comes to town : An empirical

analysis of the discount retailing industry, *Econometrica*, 76(6), 1263–1316.

22 Courtemanche, C., & Carden, A., (2011), Supersizing supercenters ? The impact of Walmart Supercenters on body mass index and obesity, *Journal of Urban Economics*, 69(2), 165–181.

23 Wolfe, S. E., & Pyrooz, D. C., (2014), Rolling back prices and raising crime rates ? The Walmart effect on crime in the United States, *British Journal of Criminology*, 54(2), 199–221. https://doi.org/10.1093/bjc/azt071. Le principal auteur, Scott Wolfe, assistant-professeur de criminologie à l'université de Caroline du Sud, a étudié les comtés où Walmart s'est développé et les a comparés avec ceux où le distributeur est absent. « La baisse de la criminalité stagne là où Walmart s'est développé dans les années 1990. L'étude a examiné le taux de criminalité annuel dans comtés entre 1991 et 2009 ». Wolfe s'est concentré sur les années 1990, une époque où la criminalité a fortement baissé aux États- Unis et où Walmart a connu une très forte croissance. L'étude a démontré que le recul de la crimina lité stagnait dans les zones où Walmart s'était installé et cette tendance s'est poursuivie jusqu'après 2000. Les chiffres de ces comtés ont été corrigés pour tenir compte de la pauvreté, du chômage, de l'immigration, de la structure sociale et des changements résidentiels, aux côtés d'autres facteurs, afin que les scientifiques soient en mesure d'isoler et de mesurer l'effet Walmart.

24 Goos, M., Manning, A., & Salomons, A., (2009), Job polarization in Europe, *American economic review*, 99(2), 58–63.

25 Blechter, B., Jiang, N., Cleland, C., Berry, C., Ogedegbe, O., & Shelley, D., (2018), Correlates of burnout in small independent primary care practices in an urban setting, *The Journal of the American Board of Family Medicine*, 31(4), 529–536.

26 Ferris, J. S., & West, E. G., (2004), Economies of scale, school violence and the optimal size of schools, *Applied Economics*, 36(15), 1677–1684.

27 Centers for Disease Control and Prevention, (2014), The relationship between bullying and suicide : What we know and what it means for schools, Chamblee, GA : Centers for Disease Control and Prevention, *National Center for Injury Prevention and Control, Division of Violence Prevention*, https://www. cdc.gov/violenceprevention/pdf/bullyingsuicide-translation-final-a.pdf.

28 Recsei, T., (2005), Pipe Dreams : The shortcomings of ideologically based planning, *People and Place*, 13(2), 68. Recsei, T., (2013), Health, Happiness, and Density, New geography.

29 Jowell, A., Zhou, B., & Barry, M., (2017), The impact of megacities on health : preparing for a resilient future, *The Lancet Planetary Health*, 1(5), e176-e178.

30 Rosling, H., Rosling, O., & Rönnlund, A. R., (2018), *Factfulness : Ten reasons we're wrong about the world – and why things are better than you think*, St Martin's Press.

31 Pour un aperçu complet des erreurs de Piketty : McCloskey, D. N., (2014), Measured, unmeasured, mismeasured, and unjustified pessimism : a review essay of Thomas Piketty's Capital in the twenty-first century, *Erasmus Journal for Philosophy and Economics*, 7(2), 73–115. McCloskey fait remarquer que les inégalités n'ont augmenté qu'au Royaume-Uni, aux États-Unis et au Canada, alors que Piketty prétend que le capitalisme rend systématiquement les riches plus riches et les pauvres plus pauvres. Ce n'est pas exact dans la mesure où ce phénomène ne se produit pas partout ni systématiquement

depuis 1800. Piketty généralise donc quelque chose qui ne peut l'être sur base des faits avérés. Piketty examine aussi surtout le capital physique, alors qu'il s'agit actuellement surtout de capital humain. McCloskey fait remarquer que, grâce aux énormes progrès réalisés, tout le monde est devenu très riche en termes de qualité de vie. L'égalité en droits et la dignité sociale sont des acquis importants dont Piketty ne parle pas. En se focalisant sur les excès comme les yachts luxueux ou les bijoux, Piketty aveugle ses lecteurs, qui ne voient plus les importantes avancées sociales et économiques et pourraient les rejeter.

32 Raworth, K., (2017), *Doughnut economics : seven ways to think like a 21st-century economist*, Chelsea Green Publishing.

33 Andrews, D., C. Criscuolo en P. Gal, (2016), 'The best versus the rest : the global productivity slowdown, divergence across firms and the role of public policy', OECD *Productivity Working Papers*, no. 5, OECD Publishing, Parijs, DOI : http://dx.doi.org/10.1787/63629cc9-en.

34 Zuckoff, Mitchell, (2005), Ponzi's Scheme : *The True Story of a Financial Legend*, New York : Random House.

35 Des études et articles récents remettent en question la baisse des coûts en cas de fusion des hôpitaux. Les avantages économiques ne sont pas évidents. Abelson, Reed. "When hospitals merge to save money, patients often pay more." *The New York Times*, 14 novembre 2018, https://www.nytimes.com/2018/11/14/health/ hospital-mergers-health-care-spending.html.

36 Ce phénomène est encore accentué par le *big data*. Leçons du livre *Weapons of Math Destruction* de Cathy O'Neil : les systèmes centralisés utilisent davantage de « règles standardisées », qui sont aujourd'hui automatisées. Les individus sont comparés à « la norme moyenne ». Mais les moyennes sont représentatives d'un groupe, pas d'un individu. Avec le *big data*, le processus semble être davantage objectivé, car il s'agit de « mathématiques et de données ». Mais les inégalités et les excès sont ainsi institutionnalisés et il devient de plus en plus difficile de les contester : « Le système a raison ». Le système central devient ainsi un processus opaque, automatisé et impersonnel.

37 Adolph Wagner (1835–1917) était un économiste allemand.

38 Keegan, W., Marsh, D., & Roberts, R., (2017), *Six days in September : Black Wednesday, Brexit and the making of Europe*, OMFIF Press.

39 Weiner, E., (2016), *The geography of genius : lessons from the world's most creative places*, Simon and Schuster.

40 Kohr, L., (1992), Disunion now : a plea for a society based upon small autonomous units (1941), *Telos*, 1992(91), 94–98.

41 https://www.weforum.org/agenda/2018/08/3- reasons-all-countries-should-embracethe- global-compact-for-migration/. Les prix de 2011. En 2014 les taux ont déjà été augmentés de 20 %. En 2019 les prix seront probablement supérieurs d'au moins un tiers. Rik Van Cauwelaert dans le quotidien *De Tijd*, novembre 2018 : « Dans ce sens, le pacte est conforme à la plaidoirie présentée au Forum Économique Mondial de Davos il y a quelques années en faveur de l'assouplissement des règles de la migration internationale. Certains groupements et partis de gauche soupçonnent le monde des affaires d'utiliser le pacte de migration comme une couverture pour importer de la main d'oeuvre (bon marché) ».

42 Sorkin, Andrew Ross, "A hefty price for entry to Davos." *The New York Times*, 24 janvier 2011, https://dealbook.nytimes.com/2011/01/24/ahefty- price-for-entry-to-davos/.

43 Crotty, J., (1999), Was Keynes a corporatist ? Keynes's radical views on industrial policy and macro policy in the 1920s, *Journal of Economic Issues*, 33(3), 555–577.

44 Phelps, E. S., (2008), *Corporatism and Keynes : His Philosophy of Growth.* Revisiting Keynes : economic possibilities for our grandchildren, DOI : 10.7551/mitpress/9780262162494.003.0006.

45 McCloskey, D., (2006), *The bourgeois virtues : Ethics for an age of commerce.* Chicago : University of Chicago Press.; (2010). *Bourgeois dignity : Why economics can't explain the modern world.* Chicago, University of Chicago Press.; – (2016). *Bourgeois equality : How ideas, not capital or institutions, enriched the world.* Chicago : University of Chicago Press.

46 Leopold Kohr in *The Breakdown of Nations.*

47 *Small is Beautiful : The Wisdom of E.F. Schumacher*, Kamran Mofid, 11 april 2011.

BIBLIOGRAPHIE

Abbott, A., Stress and the city: Urban decay, *Nature News, 490* (7419), (2012). 162.

Acemoglu, D., The Crisis of 2008: Structural Lessons for and from Economics, MIT, (2009, janvier 6).

Andrade, L. H., Wang, Y.-P., Andreoni, S., Silveira, C. M., Alexandrino-Silva, C., Siu, E. R., et al., Mental disorders in megacities: Findings from the São Paulo megacity mental health survey, Brazil, *PLOs ONE, 7* (2). (2012). https://doi.org/10.1371/journal.pone.0031879.

Andrews, D., Criscuolo, C., & Gal, P. N., *The best versus the rest: The global productivity slowdown, divergence across firms and the role of public policy,* Paris: OECD Publishing, (2016).

Angotti, T., Paul, B., Gray, T., & Williams, D., *Wal-mart's economic footprint : a literature review prepared by Hunter College Center for Community Planning & Development and New York City Public Advocate Bill de Blasio,* Center for Community Planning and Development Hunter College, New York City, (2010).

Autor, D., Dorn, D., Katz, L. F., Patterson, C., & Van Reenen, J., The Fall of the Labor Share and the Rise of Superstar Firms, MIT, (2017, mai).

Bernanke, B., Essays on the great depression, Princeton University Press, (2000).

Blechter, B., Jiang, N., Cleland, C., Berry, C., Ogedegbe, O., & Shelley, D., Correlates of Burnout in Small Independent Primary Care Practices in an Urban Setting, *The Journal of the American Board of Family Medicine, 31* (4), (2018), 529–536.

Borio, C., A blind spot in today's macroeconomics?, Speech at BIS-IMF-OECD Joint Conference on "Weak productivity: the role of financial factors and policies", Paris, (2018, janvier 10).

Borio, C. E., Kharroubi, E., Upper, C., & Zampolli, F., Labour reallocation and productivity dynamics: financial causes, real consequences, *BIS Working Paper No. 534,* (2016).

Borio, C., Towards a Financial Stability-Oriented Monetary Policy Framework, *Presentatie gegeven op de conferentie gehouden naar aanleiding van de 200ste verjaardag van de Central Bank of the Republic of Austria,* (2016, septembre 13–14).

Buyst, E., Goos, M., & Salomons, A., Job polarization: an historical perspective, *Oxford Review of Economic Policy, 34* (3), (2018), 461–474.

Cardiff-Hicks, B., Lafontaine, F., & Shaw, K., Do Large Modern Retailers Pay Premium Wages? *Industrial and Labor Relations Review, 68* (3), (2015), 633–665.

Cecchetti, S. G., & Kharroubi, E., Reassessing the Impact of Finance on Growth, *BIS Working Paper No. 381,* (2012).

Cecchetti, S. G., & Kharroubi, E., Why Does Financial Sector Growth Crowd Out Real Economic Growth? *CEPR Discussion Paper No. 490,* (2015).

Courtemanche, C., & Carden, A., Supersizing supercenters? The impact of Walmart Supercenters on body mass index and obesity, *69* (2), (2011), 165–181.

De Vries, S., Verheij, R.A., Groenewegen, P.P. & Spreeuwenberg, P., Natural environments–healthy environments? An exploratory analysis of the relationship between greenspace and health, *Environmental Planning Agency, 35,* (2003), 1717–1731.

Diez, F. J., Leigh, D., & Tambunlertchai, S., Global Market Power and its Macroeconomic Implications, *IMF Working Paper,* (2018, juin 15).

Draghi, M., The interaction between monetary policy and financial stability in the euro area, speech at the First Conference on Financial Stability organised by the Banco de España and Centro de Estudios Monetarios y Financieros, Madrid, (2017, mai 24).

Drehmann, M., Borio, C. E., & Tsatsaronis, K., Characterising the Financial Cycle: Don't Lose Sight of the Medium Term, *BIS Working Paper No. 380*, (2012).

Eichengreen, B., Hall of Mirrors, The Great Depression, the Great Recession, and the Uses – and Misuses – of History, Oxford University Press, (2015).

Eichengreen, B., The last temptation of risk, *The National Interest* (101), (2009), 8–14.

Evans G. W., P. L., Crowding and children's mental health: the role of house type, *Journal of Environmental Psychology*, *22* (3), (2002), 221–231.

Evans, G. W., Lercher, P., & Kofler, W. W., Crowding and children's mental health: the role of house type, *Journal of Environmental Psychology*, *22* (3), (2002), 221–231.

Ficano, C. C., Business Churn and the Retail Giant: Establishment Birth and Death from Wal-Mart's Entry, *Social science quarterly*, *94* (1), (2013), 263–291.

Furman, J., & Orszag, P., A firm-level perspective on the role of rents in the rise in inequality, Presentation at "A Just Society" Centennial Event in Honor of Joseph Stiglitz Columbia University, (2015).

Germán Gutiérrez, T. P. How EU Markets Became More Competitive Than US Markets: A Study of Institutional Drift, NBER *Working Paper*, No. 24700, (2018, juin).

Germán Gutiérrez, T. P., How EU Markets Became More Competitive Than US Markets: A Study of Institutional Drift, NBER *Working Paper*, No. 24700, (2018, juin).

Giancotti, M., Guglielmo, A., & Mauro, M., Efficiency and optimal size of hospitals: Results of a systematic search, *PloS one*, *12* (3), e0174533, (2017).

Global Citites Institute, Socioeconomic pathways and regional distribution of the world's 101 largest cities, *Global Citites Institute*, (2014).

Goos, M., Manning, A., & Salomons, A., Explaining job polarization: Routine-biased technological change and offshoring, *American Economic Review*, *104* (8), (2014), 2509–2526.

Gruebner, O. e., (2017), Cities and Mental Health, *Deutsches Arzteblatt international*, vol. 114,8, (2017), 121–127.

Jia, P., What happens when Wal-Mart comes to town: An empirical analysis of the discount retailing industry, *Econometrica*, *76* (6), (2008), 1263–1316.

Jowell, A., Zhou, B., & Barry, M., The impact of megacities on health: preparing for a resilient future, *The Lancet Planetary Health*, *1* (5), (2017), PE176–E178.

Kahneman, D., Slovic, P., & Tversky, A., Judgment under uncertainty: Heuristics and biases, *New York, Cambridge University Press*, (1982).

Khanna, P., *Connectography: Mapping the future of global civilization*, Random House, (2016).

Kindelberger, C. P., & Aliber, R. Z., Manias, Panics, and Crashes, A History of Financial Crashes, Palgrave Macmillan, (2005).

Lederbogen, F., Kirsch, P., Haddad, L., Streit, F., Tost, H., Schuch, P., et al., City living and urban upbringing affect neural social stress processing in humans, *Nature*, *474* (7352), (2011), 498–501.

Maas, J., Verheij, R. A., de Vries, S., Spreeuwenberg, P., Schellevis, F. G., & Groenewegen, P. P., Morbidity is related to a green living environment, *Journal of Epidemiology and Community Health*, 63 (12), (2009), 967–973.

Mackay, C., *Extraordinary popular delusions and the madness of crowds*, London: Wordsworth Editions, (1841).

Masters, J., (2016, octobre 18), *Champions League: Are European giants forcing smaller rivals out?* From CNN: https://edition.cnn.com/2016/10/18/football/atlantic-league-champions-league-football/index.html.

McCloskey, D. N., *The bourgeois virtues: Ethics for an age of commerce*, Chicago: University of Chicago Press, (2006).

McDonald, L. G., & Robinson, P., *A Colossal Failure of Common Sense, The Inside Story of the Collapse of Lehman Brothers*, New York: Crown Business, (2009).

Milanovic, B., Global Inequality, A New Approach for the Age of Globalization, Cambridge, Massachusetts: Harvard University Press, (2016).

Mitchell, D. J., (2016, juillet 2), *The Secret of Swiss Success Is Decentralization*, Retrieved november 30, 2018 from Foundation for Economic Education: https://fee.org/articles/the-secret-of-swiss-success-is-decentralization/.

Neumark, D., Zhang, J., & Ciccarella, S., The effects of Wal-Mart on local labor markets, Department of Economics, *Journal of Urban Economics*, 63 (2), (2008), 405–430.

Piketty, T., *Capital in the Twenty-First Century*, Cambridge, Massachusetts: Harvard University Press, (2014).

Powell, A., Thomas, M., & Shennan, S., *High population density triggers cultural explosions*, From University College London (2009, juin 5): https://www.ucl.ac.uk/news/2009/jun/high-population-density-triggers-cultural-explosions.

Raghuram, R. G., The Credit Crisis and Cycle-Proof Regulation, *Federal Reserve Bank of St. Louis Review*, 91 (5), (2009), 397–402.

Rajan, R., A step in the dark: unconventional monetary policy after the crisis, Bank for International Settlements, Andrew Crockett Memorial Lecture, (2013, juin 23).

Rajan, R. G., *Fault Lines. How Hidden Fractures Still Threaten the World Economy*, Princeton, New Jersey: Princeton University Press, (2010).

Rajan, R. G., The Greenspan Era, Lessons for the Future, speech at Jackson Hole Symposium, (2005, août).

Randolph, B., Children in the Compact City, Fairfield B, (Sydney) as a suburban case study, *University of NSW, Paper Commissioned by the Australian Research Alliance for Children and Youth*, (2006, Octobre).

Raworth, K., Doughnut economics: seven ways to think like a 21st-century economist, Vermont: Chelsea Green Publishing, (2017).

Recsei, T., *Health, Happiness, and Density.* From NewGeography.com (2013, septembre 19): http://www.newgeography.com/content/003945-health-happiness-and-density.

Recsei, T., Pipe dreams: the shortcomings of ideologically based planning, *People and Place*, 13 (2), (2005), 68–81.

Regoeczi, W. C., The Impact of Density: The Importance of Nonlinearity and Selection on Flight and Fight Responses, *Social Forces*, 81 (2), (2002), 505–530.

Reinhart, C. M., & Rogoff, K. S., This time is different: Eight centuries of financial folly, Princeton, New Jersey: Princeton University Press, (2009).

Robertson, A., *How the antitrust battles of the '90s set the stage for today's tech giants*, From The Verge (2018, septembre 6): https://www.theverge.com/2018/9/6/17827042/antitrust-1990s-microsoft-google-aol-monopoly-lawsuits-history.

Roubini, N., & Mihm, S., *Crisis Economics. A Crash Course in the Future of Finance*, New York: The Penguin Press, (2010).
Shiller, R. J., *Irrational Exuberance*, Princeton, New Jersey: Princeton University Press, (2005).
Shiller, R. J., *The Subprime Solution, How Today's Global Financial Crisis Happened, and What to Do about It*, Princeton, New Jersey: Princeton University Press, (2008).
Sinn, H.-W., *What can be learned from the banking crisis*, From VOX CEPR Policy Portal (2008, december 17): https://voxeu.org/article/what-can-be-learned-banking-crisis.
Solow, R., Building a science of economics for the real world, *House Committee on Science and Technology, Subcommittee on Investigations and Oversight, 20*, (2010).
Stigler, G. J., The Theory of Economic Regulation, *The Bell journal of economics and management science, 2* (1), (1971), 3–21.
Stulz, R. M., & Zingales, L., The Financial Crisis: An Inside View, Comments and Discussion, *Brookings Papers on Economic Activity*, (2009), 64–78.
Sundquist, K. F., Urbanisation and incidence of psychosis and depression: Follow-up study of 4.4 million women and men in Sweden, *British Journal of Psychiatry*, 184 (4), (2004), 293–298, DOI:10.1192/bjp.184.4.293.
Sundquist, K., Frank, G., & Sundquist, J., Urbanisation and incidence of psychosis and depression: follow-up study of 4.4 million women and men in Sweden, *The British Journal of Psychiatry*, 184 (4), (2004), 293–298.
Taleb, N. N., The black swan: The impact of the highly improbable, New York: Random house, (2007).
UEFA. *The European Club Footballing Landscape, Ninth Club Licensing Benchmarking Report, Financial Year 2016*, Union of European Football Associations, (2018).
Van Overtveldt, J., Bernanke's Test. Ben Bernanke, Alan Greenspan and the Drama of the Central Banker, Agate Publishing, (2009).
Volcker, P., Central Banking at a Crossroad, speech at the Economic Club of New York, (2013, mai 29).
Weiner, E., *The geography of genius: a search for the world's most creative places from ancient Athens to Silicon Valley*, New York: Simon and Schuster, (2016).
White, L. J., & Yang, J., (2017, mars 30), *What Has Been Happening to Aggregate Concentration in the U.S. Economy in the 21st Century? Available at SSRN: https://ssrn.com/abstract=2953984 or http://dx.doi.org/10.2139/ssrn.2953984.*
White, W. R., Is price stability enough? *BIS Working Papers 205, Bank for International Settlements*, (2006).
White, W. R., Should monetary policy "lean or clean"? *Globalization Institute Working Papers 34, Federal Reserve Bank of Dallas*, (2009).
White, W. R., Ultra Easy Monetary Policy and the Law of Unintended Consequences, *Globalization Institute Working Papers 126, Federal Reserve Bank of Dallas*, (2012).
Yellowstone Science. *Celebrating 20 years of wolves*, From Yellowstone National Park (2016, juillet 13): https://www.nps.gov/yell/learn/upload/YELLOWSTONE-SCIENCE-24-1-WOLVES.pdf.

www.racine.be
Enregistrez-vous sur notre site internet et nous vous enverrons régulièrement une lettre d'information sur nos nouvelles publications et des offres exclusives.

Couverture Studio Lannoo
Mise en page Thijs Kestens & Steven Theunis, Armée de Verre
Rédaction Jan Lodewyckx
Traduction du néerlandais Liliane Tackaert et Christian De Greef
Crédit photo de couverture ImageSelect
Crédits photos à l'intérieur iStock

D/2019/45/360 – ISBN 978 94 014 6087 3 – NUR 781